D1663351

Gemeinschaftsausgabe mit dem Bayerischen Landesverein
für Heimatpflege e. V., München,
in dessen Schriftenreihe
„Lied, Musik und Tanz in Bayern"
Nr. A 76

Gigl, geigl, no a Seidl

Bairische Wirtshausliader und Trinksprüch'
– gschaamige und ausgschaamte –

herausgegeben von Adolf Eichenseer
unter Mitwirkung von
Erika Eichenseer, Helmut Kreger und Otto Wolf

alle Zeichnungen von
Josef Oberberger

Volk Verlag München

Für die freundliche Unterstützung bedankt sich der Herausgeber bei:
Bayerischer Landesverein für Heimatpflege e. V.
Hofmark Brauerei
Bezirk Oberpfalz
Stiftung Bayerischer Musikfonds
Ernst-Pietsch-Stiftung
Handwerkskammer Niederbayern / Oberpfalz
Camilla Insinger
Musikhaus Klier
Bund der Egerländer Gmoin

Die Deutsche Bibliothek verzeichnet diese Publikation in der Deutschen
Nationalbibliografie; detaillierte bibliografische Daten sind im Internet über
http://dnb.ddb.de abrufbar.

© 2012 by Volk Verlag München
Streitfeldstraße 19; 81673 München
Tel. 089 / 420 79 69 80; Fax 089 / 420 79 69 86

Druck: freiburger graphische betriebe
Titelbild und Umschlagbilder: Ralf Gamböck Photographie, Landshut

ISBN 978-3-86222-098-4
www.volkverlag.de

Inhaltsverzeichnis

Vorworte – 10

Gigl, geigl, no a Seidl
   – Wirtshaus, Essen und Trinken –
   Gigl, geigl, trink ma(r) a Seidl – 16
   Håb i nu a bisserl Böia drinna – 17
   Kommt, Brüder, wir trinken noch eins – 18
   Leit, 's Böia, ja, des is mei Lebn – 19
   Frisch auf, frisch auf, zum Jagen auf – 20
   Prosit, ihr Brüder, trinket und seid alle froh – 22
   Sagt der Vater zu der Muatter (Mondscheinbrüader) – 23
   Wenn i aaf Götzndorf gäih – 24
   Fidri, fidra – 25
   Åber a Bier, a Bier, a Bier – 26
   Ja, wenn das so ist, daß 's nix kost' – 27
   Schnaps, das war sein letztes Wort – 27
   Ålte, mågst an Kaas – 28
   Kaffee, as koan nix Bessers ge(b)n – 28
   Ja, und beim Tobakkramer – 30
   Wenn ich im Sommer früh erwach' (Rehgoaß und Teiberling) – 32

Himml, Arsch und Zwirn
   – Unterhaltung, Erzählung, Humor –
   Himmel, Arsch und Zwirn (Das Lied von der Gans) – 36
   Ich bin ein alter Krämersmann (Der Krämersmann) – 38
   Und der Wirtsflorian – 40
   Am Sonntag, da ruht sich wohl jeder Mensch aus – 42
   Der Waldler vertraut gern auf Gott (An Waldler sei Scha) – 44
   Die Statistik lasst erkenna (Geh nehma S' doch an Altn!) – 46
   Der Sepperl, der ist einer – 48
   In Egherland woar's fröiher schöi (De nei Zeit) – 50
   I bin der Knödlwastl – 53
   Der Frühling ist gekommen (Da drobn am Nockherberg) – 54
   Eine Jungfrau von sechzig Jahr'n – 57
   Warum håt denn der Sepperl so ein Glück (So a Lederhosn) – 58
   Ein Rollmops und ein Haring – 60
   Ein Kranker kommt zum Doktor – 62
   Jetz nimm i mei Stutzerl – 64
   Wöi un(s)er Herr die Erdn hat erschaffn – 66
   Und wenn i ma Höiterl gråd aafsetzn tou – 67
   Ein Bauer geht nach Hause – 68
   Der Großpapa wird achtzig – 70

Ja, i bin hålt der Simburger Bauer – 72
In der Stadt, die feinen Herrn (Der Bubikopf) – 74
Auf der Elektrischen (Hålt er's aus) – 76
Geld von Silber und von Gold (Ja, zwengs an Geld) – 78

O, wie schön bist du, Marie
– Tanz und Spiel –

Ja, trågt denn des Rauchfangkihrn – 82
Ma Moidl håut a Katz – 83
Der Fuchs, der håt an langa Schwoaf – 84
Håb e denkt – 85
Alla faß da, Gäns san im Håbern – 86
Sechs sedda Boum – 87
Bierbrauer san Spitzbuam – 88
Siagst da's du net – 89
O, wie schön, o wie schön (Die schöne Marie) – 90
D'Liab is a Gottesgab' – 91
Juli war so schön (Juli-Polka) – 94
Friederikerl, Friederikerl – 96
Is an alts Wei gstorbn – 97
Und öiermål håm ma(r) an Dåtsch ghat – 98
Michl, Michl, laß den Goaßbock aus – 100
I håb scho wieder Schädlweh – 101
Ja, Dunnerwetter, Margaret – 102
Eins, zwei, drei, vier, fünf, sechs, sieben – 103
Wou håust denn du döi Kistn her – 104
Was hab ich bei ihr gefunden – 106
Hauch de, kraaht der Gockl stolz – 108
Du håst an Ganskrågn – 110
Der Bauer gäiht in Ga(r)tn – 111
Kameradschaft, die ist lustig – 112
Und so schlugen wir nach altem Brauch – 113

So a Gauner håt a Lebn
– Geselligkeit, Spott, Verrücktes –

So a Gauner håt a Lebn – 116
Ja, Wiggerl, wann geh ma denn wieder – 118
In der Nacht um halba zehne (Der Hinterdupfer Bene) – 119
Eine Seefahrt, die ist lustig – 120
Aurora saß in ihrem Garten (Mit einer Weißwurscht in der Hand) – 123
's is nix mit dean åltn Weibern – 124
Zu Ingolstadt, da war es in der Nähe – 125
Lustig ist das Rentnerleben – 126
Scheißt ma(r) a weng in Hout ei(n) – 128
Meiner Goaß ihra Ouharn – 130
Åber schau, schau, der Bauer waar schlau – 131

GIGL, GEIGL, NO A SEIDL

I kaaf a Packerl Moscherie – 132
Schön ist die Jugend (Schön ist das Alter) – 134
Ein altes Weib wollt' scheißen gehn – 135
Ich håb amål vom Teifl traamt – 136
Jassas naa, ham mia heit gsoffn (Musike, Musike) – 138
Un(s)er Håslbächer Moidla – 141
Jede Nacht muß die Frau auf den Eimer – 143
Früher, als wir Babies waren (Bofrost-Kinder) – 144
Am Sofa sitzt a junge Frau – 146
Ein jeder Mann trägt eine Hose (Still ruht der See) – 148
Fräulein Adelgunde ist so sittenrein (Ah, ah, ah) – 150
Um 1999 (Im Jahre 1999) – 152
Uns geht's gut, wir haben keine Sorgen – 154
Wenn d'Leit a bisserl bsoffn san (Ich håb a Mordstrumm Wampn) – 156

Du herzensscheens Schåtzerl
– Liebe und Erotik, Ehefreud und -leid –

Z'nachst bin i spaat außiganga – 160
Und im Tannawåld drinna – 161
Du herzensscheens Schåtzerl – 162
Wenn i nea(r) wissat, wöi des waa(r) – 164
Mia håm amål an schöiner Drummltaub'ra g'habt – 166
Wöi mir mei Herzerl lacht – 167
Åber a Wåldbua bin i – 168
Annamirl, håst an Franz gern? (Die ålte Schwieger) – 169
A Jåhr is's scho her ('s Uhrkastl) – 170
Moidl, wennsd übers Gassl gäihst – 172
Ja, weil s' schwoazaugat is – 173
In meinem Zimmer hängt a Uhr – 174
Und wer sein Handwerk gut versteht (Der Pfannenflicker) – 176
Geh, du mei liabs Dianderl ('s Laternderl) – 179
Wenn ich des Morgens früh aufstehe (Der Schornsteinfeger) – 180
Ich bin der lustige Bürstnmann – 182
Håb i niat an schöina Wetzstoi – 183
Wenn i in der Fröih aafstäih ('s Denglstöckl) – 184
Es wollte ein Binderg'sell reisen – 186
Ich war ein Jüngling – 188
Krumme Beine kann sie haben (Aber schön muß sie sein) – 191
Einst ging ich in die Stadt hinein – 192
Es war amål a Müllerin – 194
Es war ein alter Mann (Die Ruschl Buschl) – 196
Sauf, du alter Galgenschlängel – 198
Ma Moa, wöi der nu liade woar (Der Weiberstriet) – 200
Wia ma(r) i und mei Weiberl ghaust håm – 201
Meine Frau, die geht in Seide – 202
Ich hab zuhaus ein Weibchen (Ja, mei Alte hat mich gern) – 203

Der alt' Wolfsegger – 204
Scheene Maaderln, zuckersüaß – 206
Warum håt denn die Dori koan Mo – 207
Eines Tags, da gingen wir ins Kaffeehaus (Kaffeehaus-Lied) – 209
Ei, Schatz, warum so traurig – 210

Der Wastl mit sei'm steifn Fouß
– Erinnerung an Militär und Krieg –

Napoleon, der hatt' an schlimmen Sinn – 214
Der Wastl mit sei'm steifn Fouß – 220
Zu Fuchsmühl war 's, in Bayern – 216
Ich ging einmal spazieren, um mich zu amüsieren – 218
Annemarie, der Kinderwågn is hi(n) – 219
Mia san die tapfern Bayern – 222
An der Eger liegt ein Städtchen (Die Feldjäger) – 225
Und wenn du denkst, du kriegst dein Geld – 226
Es war einmal ein treuer Husar – 227

Unter uns'rer alten Linde
– Gemüt und Sehnsucht –

Das schönste Bleamerl auf der Welt (Das Edelweiß) – 230
Unter unsrer alten Linde – 231
Gold und Silber lieb ich sehr – 232
Unter Erlen steht 'ne Mühle – 233
's Deandl sitzt traurig z'Haus – 234
Horch, was geht im Schlosse vor – 235
Nur noch einmal in meinem ganzen Leben (Elternliebe) – 236
Steh' ich am eisern' Gitter – 238
O quäle nie ein Tier zum Scherz – 240
Eine Mutter liegt im Sterben (Der Mutter letzter Blick) – 242

Wia spaat is's auf der Wirtshausuhr
– Abschied und Heimweg –

Wia spaat is's auf der Wirtshaus-Uhr – 246
Drei Tågh, drei Tågh geh(n) ma niat hoim – 248
Guate Nacht, schlafts wohl – 249
Fünfhundert wilde Pferde (Fernfahrer-Lied) – 250
Rout untn, rout obn – 252
Hoam müaß ma geh – 253
Hoch oben die Sterne (Ständchen am Abend) – 254
Sollt' i hoamgöih – 255

Döi Wirtsstubn, döi is eckat
– Gaudi und Unsinn (Schnaderhüpfl) –

Ja, åber d'Wirtspinners Liesl – 258
Alter Hirankl, alter Hoarankl – 259
Kennst du den Kaiser Franzl – 260
Håb i öfter an Baam gschidlt – 262
Du bist a Ei(n)trågersbou – 263
Fidlgungas, fidlgungas – 264
Musikant'n, ös Schwaanz – 265
Hinter der Hollerstau(d)n – 266
Gäih i hint aasse (Roja-Stückl) – 267
Wenn i near a Dipfl häitt' – 268
Döi Wirtsstubn, döi is eckat – 269
Und wenn ma Wei(b) sua zankn tout – 270
U wou, wou, u wou, wou – 271

Åber jung san ma's gwen
– Lust am Klang – (Jodler und Arien)

Åber jung san ma's gwen (Konzeller Ari) – 274
Åber wenn oaner Sepperl hoißt (Sepperl-Ari) – 275
Du ålte Zigeinerin – 276
Hei-djo-dl-di (Dri-schneidi) – 277
Åber entahål(b) der Doana – 278
Ho-la-ra he-i-ri (Wåld-Ari) – 279
Mia san ma vom Grandschber(g) (Grandschberg-Ari) – 280

Abkürzungsverzeichnis – 284

Quellenverzeichnis – 285

Personenverzeichnis – 288

Ortsverzeichnis – 291

Liederverzeichnis – 295

Liebe Musikantinnen und Musikanten,
liebe Sängerinnen und Sänger,

jeder kennt die Situation: Eine gesellige Wirtshausrunde, man singt und musiziert, lacht und – stellt überrascht fest, dass das eben erst bestellte Getränk bereits wieder leer ist.

Passend zu dieser Situation lautet der Titel des neuen Wirtshausliederbuchs von Dr. Adolf Eichenseer „Gigl, geigl, no a Seidl".

Wie schon in den bereits erschienenen Liederbüchern „Freinderl, wann geh ma hoam", „Jessas, is's im Wirtshaus schee" und „Heit san ma wieder kreuzfidel" war es auch für das vorliegende Liederbuch erklärtes Ziel, das zu beinhalten, was tatsächlich in Wirtshäusern gesungen wird. Dass dabei auch „gschaamige" oder gar „ausgschaamte" Lieder eine Rolle spielen, lässt sich ebensowenig leugnen wie die Tatsache, dass einem bei so manchem Text die Schamesröte ins Gesicht steigen möchte.

Wir sehen dieses Liederbuch als weiteren Teil einer einzigartigen Dokumentation einer Liedkultur, die ansonsten eben gerade nicht in Liederbüchern erscheint, und wissen, dass so manches in diesem Liederbuch derb und ordinär, manches hingegen liebenswürdig und romantisch ist. Es ist uns bewusst, dass auch das eine oder andere Lied die heute übliche „political correctness" vermissen lässt oder Genderaspekte nicht berücksichtigt. Aber auch hier bauen wir darauf, dass das hier vorliegende Repertoire im passenden Rahmen – und zur passenden Uhrzeit – gesungen wird.

Es freut mich, dass Dr. Adolf Eichenseer sein „Schatzkasterl" nochmals aufgemacht hat und damit nun schon das vierte Wirtshausliederbuch füllt. Ganz besonders freut es mich, dass es gelungen ist, bei dieser Ausgabe erneut eine Gemeinschaftsausgabe zu veröffentlichen, wofür ich Dr. Adolf Eichenseer und dem Volk Verlag sehr herzlich danke.

Ich wünsche allen viel Freude mit diesem Liederbuch!

München, im September 2012

Dr. Elmar Walter
Leiter der Abteilung Volksmusik
Bayerischer Landesverein für Heimatpflege e. V.

Vorwort

„Des Bier håt an wunderschön Foam, vor Mitternacht gehn mia net hoam!",
schmettert die Männerrunde, die rund um den Stammtisch des kleinen und un-
scheinbaren Wirtshäusels sitzt. Ein paar Mal im Monat treffen sie sich hier, selten
geplant, meist eher zufällig. Nach der Arbeit, am Feierabend, zum Frühschoppen,
auf der Suche nach Geselligkeit. Vom Maurergesellen bis zum Bankdirektor sind
alle Gesellschaftsschichten vertreten. Lokale Nachrichten werden hier ausge-
tauscht, die Weltpolitik diskutiert, ein wenig gefrotzelt und – wenn es grad passt
– das eine oder andere Lied angestimmt. Das Repertoire ist bunt gemischt: über-
liefert und neu gemacht, witzig und herzzerreißend, allen bekannt oder nur von
Einzelnen beherrscht.

Das Singen im Wirtshaus ist und war nichts Ungewöhnliches. „'s Singa is ja bei
uns dahoam g'wen! Wenn man in a Gasthaus nei ganga is, und es warn drei oder
vier beinand, is aa scho gsunga worn!", berichten die hochbetagten Wirtshaus-
sänger Ignaz und Marie Brandl in den 1970er Jahren einem Volksmusikforscher in
Zwiesel. Und dabei meinen sie nicht den gepflegten Dreigesang oder den Hoa-
gartn-Abend mit Bühnenpräsentation, nein, sie meinen das ungezwungene musi-
kalische Stelldichein in der Gaststube – ohne Ankündigung, ohne Moderation.

Freilich werden im Wirtshaus rund um die Lieder auch freche Sprüche geklopft,
mal ein wenig gschaamig, mal richtig ausgschaamt, eben so wie es der momen-
tanen Situation angemessen erscheint. Ein guter Wirtshausunterhalter hat dafür
meist ein untrügliches Gefühl. Er wählt seine Inhalte mit Bedacht, nicht nur
die seiner Witze und Trinksprüche, sondern auch die seiner Lieder. Nicht selten
hängt die Stimmungslage der Gäste mit der Länge der wirtshäuslichen Aufent-
haltszeit bzw. des damit verbundenen Bierkonsums zusammen. Bei ein, zwei
Seidln (ca. 0,3l) bleibt es da selten, und je ausgelassener die Stimmung, umso
derber die Beiträge.

Seit den 1990er Jahren versuchen die institutionalisierte Volksmusikpflege, aber
auch engagierte Laien sowie Vereine und Verbände mit vielerlei Initiativen, das
unorganisierte Singen im Wirtshaus nachhaltig zu stärken oder wieder zu beleben.
Ein schwieriges Unterfangen. Die Wirtshausgeher sind es gewohnt, berieselt zu
werden, viele Dorfwirtshäuser sind verschwunden, aus Wirten wurden Gastrono-
men. Neben der Aktion „Musikantenfreundliches Wirtshaus" (www.musikanten-
freundlicheswirtshaus.de), die das ungezwungene musikalische Tun wieder in die
Köpfe von Aktiven und Gastwirten brachte, haben vor allem Liedersammlungen
Spuren im Bewusstsein der Menschen hinterlassen. Liedersammler, Sänger und
Volksmusikpfleger haben ihre Repertoire-Kostbarkeiten zusammengetragen und
in Liederbüchern der Öffentlichkeit zugänglich gemacht.

Adolf Eichenseer vereint viele Talente in seiner Person. Als früherer Oberpfälzer
Bezirksheimatpfleger ist er noch immer leidenschaftlicher Sammler, begeisterter
Musikant und tatenhungriger Pfleger. Über viele Jahrzehnte hinweg hat er im

Netzwerk mit zahlreichen Kollegen regionale Lieder gesucht, gefunden, aufgenommen und aufgeschrieben. In den letzten Jahren nun hat er begonnen, die angesammelten Schätze zu publizieren. Bereits zum vierten Mal legt er jetzt mit „Gigl, geigl, no a Seidl" ein Wirtshausliederbuch mit sängerischen Raritäten aus der Oberpfalz und angrenzenden Gebieten vor. Manches Lied ist erst kurz verklungen, andere hat man noch nie gehört, wieder andere wurden bereits durch die Volksmusikpflege zu neuem Leben erweckt.

Momentan boomt die handgemachte Volksmusik: Auf dem Oktoberfest, im Hofbräuhaus, in musikantenfreundlichen Wirtshäusern, aber auch in Konzertsälen und bei Festivals haben Zuhörer und Tänzer sowie Sänger und Musikanten die Kraft, die der überlieferten regionalen Musikkultur innewohnt, längst wieder entdeckt. Rasante Polkas wechseln sich ab mit verzwickten Zwiefachen und hinterlistige Gsangl mit anrührenden Liedern. Die Leute sind begeistert von der direkten Art der musikalischen Kommunikation und der authentischen Unterhaltung. Wenn hier regionale Schmankerl aus Küche und Keller auf Raritäten der musikalischen Volkskultur treffen, dann wird das Wirtshaus zu einem fruchtbaren Biotop für Geselligkeit und Zusammenleben. Ein Verdienst, das sich neben den aufgeschlossenen Wirten auch Firmenchefs wie die Fam. Cording der Hofmark Brauerei in Loifling, in der Nähe von Cham (Oberpfalz), auf ihre Fahnen schreiben dürfen, denn Kultur braucht Unterstützer.

So wie der Braumeister der Hofmark Brauerei dem Sud sein ganzes Wissen und seine Erfahrung als wichtigste Zutat zukommen lässt und dadurch ein würziges Bier mit unverwechselbarem Genuss braut, so hat Adolf Eichenseer dankenswerter Weise seinen ganzen Scharfsinn und seine Begabung in dieses Liederbuch gesteckt, um den Sängern landauf landab „seine" Lieder ans Herz und in den Mund zu legen.

Nun wartet die Liedersammlung auf intensive Nutzung. Sie ist ja nicht zum Anschauen gedacht, sondern zum Daraus-Singen. Singen und der Umgang mit Liedern ist ein individueller Akt. Keinesfalls soll Note für Note oder Silbe für Silbe feinsäuberlich wie in der Vorlage wiedergegeben werden. Nein, den Liedern soll neuer Geist eingehaucht werden, jeder Sänger soll sie zu seinen Liedern machen, sie zurechtsingen, verbiegen, stauchen, entzerren, etwas anfügen oder weglassen. Vielleicht entsteht daraus sogar Neues, Eigenes.

Den Machern, Initiatoren und Unterstützern dieses Liederbuches gilt unser aller Dank für ihren Einsatz. Sicher sind sie schon genau so gespannt wie ich auf die ersten Erfahrungsberichte, wenn Sie in einer Wirtshausstube unvermittelt eines der abgedruckten Wirtshauslieder anstimmen! Viel Spaß dabei!

Im Oktober 2012
Ihr Roland Pongratz

Kurze Einleitung

Um meine, zusammen mit begeisterten Kollegen in Jahrzehnten zusammen-getragene Sammlung von über fünfhundert bairischen Wirtshausliedern – gschaamigen und ausgschaamten – zu veröffentlichen, war es notwendig, das umfangreiche Material auf drei Bände aufzuteilen.

So erschien im Volk Verlag München im Mai 2012 Band 1 mit dem Titel *„Heit san ma wieder kreizfidel"*.

Beflügelt durch den unerwartet großen Erfolg in ganz Bayern und darüber hinaus, kann bereits nach einem halben Jahr der 2. Band vorgelegt werden unter dem Ti-tel: *„Gigl, geigl, no a Seidl"*.

Für die so zügige Bearbeitung des Manuskripts bis zur Drucklegung bedanke ich mich ganz herzlich bei der Textschreiberin Erika Eichenseer, dem Notensetzer Otto Wolf und vor allem beim Volk Verlag und seinem Team.

Der 2. Teil der Trilogie ist bewusst genauso aufgebaut wie der erste, verwendet den gleichen Illustrator, Prof. Josef Oberberger, und ergänzt die Lieder durch originelle Trinksprüche.

Eine erneute ausführliche Einleitung mit der Beschreibung der Beweggründe zur Sammlung, der Liedtypen und der Aufführungspraxis erübrigt sich meiner Meinung nach, sie ist in „Heit san ma wieder kreizfidel", S. 13ff. nachzulesen.

So bleibt mir nur zu wünschen, dass dieser Band eine ähnlich begeisterte Reso-nanz findet wie die vorhergehenden, und dass vor allem diese Lieder landauf, landab wieder gesungen werden und damit zur Belebung der typisch bayrischen Geselligkeit und Gemütlichkeit in unseren Wirtshäusern beitragen.

September 2012
Adolf Eichenseer

Gigl, geigl, no a Seidl

– Wirtshaus, Essen und Trinken –

Gigl, geigl, trink ma(r) a Seidl

langsam ♩ = 72

1. Gi-gl, gei - gl, trink ma(r) a Sei - dl,[1] trink ma(r) a Hoi - be und a Maß,_ trink ma(r) an E - mer,[2] na - cha geh__ ma, werd' uns Gur - gl__ no net naß! Ho - la - rei - djo, ho - la - rei - djo, ho - la - rei - djo, ho - la - rei - djo. Trink ma(r) an E - mer, na - cha geh__ ma, werd' uns Gur - gl__ no net naß!

2. Blaue Fenster, greane Gatter[3],
   scheene Deandal liabn die Jaager.
   Scheene Deandal müaßns sei(n),
   då kehrn die Jaagerburschn öfters ei(n)!
   Hola reidjo, hola reidjo,
   hola reidjo, hola reidjo.
   Scheene Deandal müaßns sei,
   då kehrn die Jaagerburschen öfters ei!

WE: 1 = ½ Liter, 2 = Eimer, 3 = Zäune
GP: Kati Zangl und ihre Mutter „Tauber" Rizi, Böhmerwäldler – Siedlung Wolfsberg im
     Banater Bergland (Rumänien)
AZ / TR: WM (1967)

in: Lehrgangsheft 6. OPf. Herbsttreffen Kastell Windsor (1991), S. 22

Håb i nu a bisserl Böia drinna

GP: Hans Jaklin, Stich bei Wiesengrund (Egerland)
AZ: Albert Brosch (o. J.)

in: Brosch: Der Liederschatz des Egerlandes, Nr. 752

Kommt, Brüder, wir trinken noch eins

Kommt, Brü-der, wir trin-ken noch eins! Wir sind ja noch so jung. Zur ed-len Spar-sam - keit ham wir noch lan-ge Zeit. Kommt, Brü-der, wir trin-ken noch eins! Wir sind ja noch so jung. Zur ed-len Spar-sam - keit ham wir im Al - ter noch viel Zeit. Ein Glück, daß wir nicht sau - - fen. Wir las - sen 's run - ter - lau - - fen.

GP: Fuchsberger Sänger, Fuchsberg / Teunz (Schwandorf)
AT / TR: AE (2007)

Leit, 's Böia, ja, des is mei Lebn

1. Leit, 's Böi-a, ja, des is mei Lebn, waa(r) des wås, taat's koi(n)s mäi-her gebn. Va' laat-ter[2] Dua(r)scht gaan-gat i ei', oh-ne Böi-a, Leit, kaant i niat sei! Va' laat-ter Dua(r)scht gaan-gat i ei', oh-ne Böi-a, Leit, kaant i niat sei!

2. Leit, a Broutzeit, ja, des is mei Lebn,
   waar des wås, taats koine mäiher gebn.
   |: Va laatter Hunger gaangat i ei(n),
   ohne Broutzeit, Leit, kaannt i niat sei! :|

WE: 1 = Bier, 2 = lauter
GP: Hanns Binder, Sulzbach-Rosenberg (Amberg-Sulzbach)
AZ / TR: AE (1980)

Wennsd 80 Jahr a Halbe Bier trinkst, stirbst net jung.

Frisch auf, frisch auf, zum Jagen auf

frei ansingen

1. Frisch auf, frisch auf, zum Ja-gen, Ja-gen auf, wenns auf die Alm nauf - geht. Ver-seht euch wohl mit Pul-ver und mit Blei aufs Hirsch-lein und aufs Reh. Denn das Ja-gen ist ein__ lu-stigs Lebn, denn das Wild-bret muaß das Fell her-gebn. Das Ja-gen, das ist mei-ne, mei-ne Freid, drum jag' ich's al-le Zeit.

2. Und als wir auf die Ålma nauf kamen,
   kam gleich die Senn'rin her.
   „Was essen Sie, was trinken Sie
   und was ist denn Ihr Begehr?"
   „Schenken Sie mir ein Bier oder Wein,
   ein frisches Glas Tiroler-roler Wein
   und machen S' einen Specksalat
   für mich und meinen Schatz."

3. Als wir gegessen und getrunken ham,
   führ ich mein Schatz nach Haus,
   leg mich zu ihr ins Feder-Federbett
   und schlaf ganz ruhig aus.
   „Bleibe liegen, bis der Gickerl schreit,
   der helle, helle Tag ist nimmer, nimmer weit.
   Ade, mein Schatz, ade, lebe wohl,
   jetzt geht's ins Land Tirol."

Anhang: Melodie 2. Teil

„Nimm die Schicks bei der Büchs, o meine Freid,
dann seh ich auch am Jaager, Jaager gleich."
Nimm Stutzerl und mein Seitengwehr
und steig' ganz stolz daher.

GP: Jakob Weinmann, vulgo Jumo, Kneiting / Pettendorf (Regensburg)
AZ / TR: AE (2012)

Weit verbreitet

Wer nicht liebt Wein, Gesang
und anderer Männer Weiber,
wird niemals Jäger,
bleibt ewig Treiber.

Prosit, ihr Brüder, trinket und seid alle froh

1. Pro - sit, ihr Brü - der, trin-ket und seid al - le froh!

Pro - sit, ihr Brü - der, trin-ket und seid froh!

Trin-ket und seid al - le froh, s'gäiht niat al - le Tåg a so.

Pro - sit, ihr Brü - der, trin-ket und seid froh!

2. Prosit, ihr Brüder …
|: Alle meine Brüder, saufet so, wie ich es tu,
alle meine Brüder, saufet so wie ich. :|

GP: Gerhard Bayer, vulgo Bayerischer Johann, Oed / Weigendorf (Amberg-Sulzbach)
AZ / TR: AE (2003)

Ein Hoch auf unser Gurgelschmier,
es leb das guate Hofmarkbier.

Sagt der Vater zu der Muatter

(Mondscheinbrüader)

1. Sagt der Vat-ter zu der Muat-ter: "Mit uns-re Bua-ma då håt's gfehlt. Denn uns-re Bua-ma, des san Lum-pen, de ver-sau-fen 's gan-ze Geld." 1.-3. Ja weil wir's Mond-schein-brüa-der san und in der Fruah erst 'z Haus geh' tan. Ja weil wir's Mond-schein-brüa-der san und in der Fruah erst 'z Haus geh' tan.

2. Und die Kathe kauft se an Rade,
   sie geht ins Münchner Hofbräuhaus.
   Sie wird besoffen und macht Spektakel,
   und der Wirt, der schmeißt sie naus.
   Ja, weil wir's Mondscheinbrüader san …

3. Und der Adam und die Eva
   schwimmen beide übern See.
   Und der Adam schwimmt am Rücken
   und die Eva auf der Höh.
   Ja, weil wir's Mondscheinbrüader san …

GP: Frieda Berg, Ludwig Steiner, Max Gitterer, Nunsting / Cham (Cham)
AZ / TR: Sepp Roider (1983/84)

Etwas zurechtgesungen von Sepp Roider
in Lehrgangsheft 15. Ndb. Herbsttreffen, Kötzing (1988), S. 88

GIGL, GEIGL, NO A SEIDL

Wenn i aaf Götzndorf gäih

1. Wenn i aaf Gö-tzn-dorf gäih, gäih, setz i's mei Höi-terl in d'Häih. 1.-3. Lou(ß) ma's å - be - rin - na, lou(ß) ma's å - be - rin - na, lou(ß) ma's å - be - rin - na bis in Måg'n!

2. Dou siah(r)i mei Schatzerl schou stöih, stöih
wöi a routs Naagherl so schöi.
Lou(ß) ma's åberinna …

3. Rout Naagherl und Rosenmaria, ria,
wenn i's mei Schatzerl stöih siah.
Lou(ß) ma's åberinna …

GP: Sammlung Friedrich Spörer, Hohenburg (Amberg-Sulzbach)
AZ/TR: Friedrich Spörer (1958)
in: Die Oberpfalz 1958 (46. Jg.), S. 64

Wem Bier und Liebe ging verloren,
der wäre besser nicht geboren.

Fidri, fidra

Fi - dri, fi - dra, fi - dra - la - la - la - la.

Bier-lein rinn, was hel-fen uns die Kreu-zer-lein,

Bier-lein, rinn, wann wir ge-stor-ben sein? sein?

Und ü-bers Wie-serl gäiht koa Steig und wer niat gäiht, der

kröigt koa Wei, und wer niat tri-tschn, plau-dern ko, der

kröigt aa koa-ne dro. Fi-dri, fi-dra, fi-dra-la-la-la - la.

Bierlein rinn …
Er hat sei Sach zurecht gemacht,
drum wird er auch nicht ausgelacht.
Er hat sei Sach zurecht gemacht,
wird er auch nicht ausg'lacht.
Fidri, fidra …

Bierlein, rinn …
Und allerwaal die Großn,
de wolln die Kloin dastoußn.
Und allerwaal de Kloin, de Kloin,
de gehnga nimmer hoim.
Fidri, fidra …

GP: Fuchsberger Sänger, Fuchsberg / Teunz (Schwandorf)
AZ / TR: AE (2005)

Weitere Vierzeiler

Åber a Bier, a Bier, a Bier

1. Å-ber a Bier, a Bier, a Bier, å-ber a Mär-zn-bier, å-ber a Mär-zn-bier, des trin-kn mia.

2. |: Åber an Wein, åber an Wein,
   åber an Sechzgerwein,
   der schmeckt uns fein. :|

3. |: Åber a Fleisch, a Fleisch, a Fleisch,
   åber a schweiners Fleisch,
   des is mei Speis!:|

4. |: Åber an Kaas, an Kaas, an Kaas,
   åber an Schweizer Kaas,
   den schneidts ma aaf!:|

5. |: Åber a Wurst, a Wurst, a Wurst,
   åber a lange Wurst,
   de macht an Durst!:|

6. |: Åber a Geld, a Geld, a Geld,
   åber a Silbergeld,
   ja, des regiert d'Welt.:|

7. |: Åber a Mensch, a Mensch, a Mensch,
   åber a Bauernmensch,
   a recht a scheens! :|

1914 aufgezeichnet in Hausruck / Oberösterreich von Hans Commenda.
Durch die Pflege in der Oberpfalz verbreitet.

in: Franz Meingassner: Aufspieln und singa, essn und trinka, S. 9

Es lehret uns die Wissenschaft,
was gut ist, Durst zu stillen.
Im Wein die Wahrheit, im Bier die Kraft,
im Wasser schwimmen die Bazillen.

Ja, wenn das so ist, daß 's nix kost'

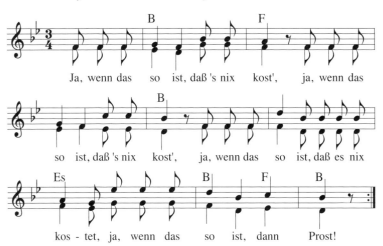

Ja, wenn das so ist, daß 's nix kost', ja, wenn das

so ist, daß 's nix kost', ja, wenn das so ist, daß es nix

kos - tet, ja, wenn das so ist, dann Prost!

Textvarianten:

… Ja, wenn es sein muss, dann muss es sein …

… Zum Geburtstag viel Glück! …

GP: Fuchsberger Sänger, Fuchsberg / Teunz (Schwandorf)
AZ / TR: AE (2002)

Schnaps, das war sein letztes Wort

Schnaps, das war sein letz - tes Wort, dann

tru - gen ihn die Eng - lein fort. Schnaps, das war sein

letz - tes Wort, dann tru - gen ihn die Eng - lein fort.

GP: Josef und Marita Lobenhofer, Schwarzenfeld (Schwandorf)
AZ / TR: AE (1998)

Ålte, mågst an Kaas

Ål-te, mågst an Kaas? Naa, der is ma z'raaß.

Ål-te, mågst an Li-ne-bur-ger? Naa, der is a stin-kats Lua-der.

GP: Maria Brandl, Regensburg
AZ/TR: AE (2000)

Vom Bruder gelernt, der dieses Lied bei Erscheinen einer Alten gepfiffen hat.
Bei Erscheinen einer Jungen pfiff er „Wie lieblich schallt durch Busch und Wald".

Variante:

Ålte, mågst an Kaas? A Lineburger[1] waars.
Ålte, mågst an Lineburger, åber a bisserl stinka tuat er.

1 = Limburger Käse

Kaffee, as koan nix Bessers ge(b)n

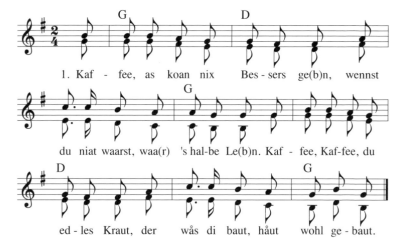

1. Kaf - fee, as koan nix Bes - sers ge(b)n, wennst

du niat waarst, waa(r) 's hal-be Le(b)n. Kaf - fee, Kaf-fee, du

ed - les Kraut, der wås di baut, håut wohl ge - baut.

2. Ma Moa(nn), der benzt mi d'ganze Wochn,
   i soll nix an(d)ers wöi Kaffee kochn.
   „So woart near, Moa(nn), as wird scho wer(d)n,
   i trink an Kaffee ållwaal gern."

3. Ma Mouder, döi koa(nn)s kaam dawårtn,
   i soll an Kaffee firti måchn.
   „So wart near, bis der Sirup kinnt.
   Du woißt, dass'n i neat bitter trink."

4. Und meina Kin(d)er, ålle dreia,
   döi toun schou fröih um Kaffee schreia.
   Und un(s)er Moad is draaf wöi toll
   und trinkt ålla Riad[1] a Tipfl voll.

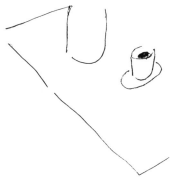

5. I mou(ß) åll Tågh schou fröih am Morgn
   für gouta, fetta Milch nu sorgn.
   Und schütt ma near a Tröpferl ei(n),
   so schmeckt der Kaffee lin(d)[2] und fei(n).

6. Und kaam is fröih ma(n) Laadl offn,
   so kinnt scho(n) ålls um Kaffee gloffn;
   va(r)ålla mein Sachn, wås i hå(b),
   dou gäiht der Kaffee am bestn å(b).

7. Kaffee, as koan nix Bessers ge(b)n,
   wennst du niat waarst, waa(r)'s hålber Le(b)n.
   Kaffee, Kaffee, du edles Kraut,
   der wås di baut, håut wohl gebaut.

WE: 1 = Rede, Weile, 2 = weich, lind

in: Brosch: Der Liederschatz des Egerlandes, Nr. 722

In einem Nobelrestaurant
då sagt das Wei(b) zu ihrem Ma(nn):
„So an Fraß muaßt erst mal finna,
då hätt' ma glei dahoam bleibn kinna."

Ja, und beim Tobakkramer

1. Ja, und beim To - bak - kra - mer kum - ma

d'Leit zu - sam - ma, die gern rau - chn und gern schnu - pfn

tuan. Då kum - ma Ab - wasch - wei - ber, ål - te

Kes - sel - wei - ber, de - nen is des Schnu - pfn an - ge -

born. Ja, und die brin - ga Do - sn, ja, då

muaß ma la - chn, is koa Bo - dn oft scho nim - mer drinn.

Die oa - ne håts ver-stri-chn, ganz mit Papp ver-stri-chn, des woar

1. gwiß a ål - te Schus - te - rin.

2. gwiß a ål - te Schus - te - rin.

2. Es kummt scho wieder oane, de håt aa(r)a kloane
   Amerikanerdosn, er kennt's längst.
   Ja, tu ma's nach mein Willen recht guat einefüllen,
   åber gib nur Acht, daß d' ma's net z'sprengst.
   Denn wie du weißt, mein Guter, is's von meiner Mutter
   noch ein Andenkn vom Vater Rhein.
   |: Ja, des woar zum Lachn, er wollt's ihr recht guat machn,
   geht de ganze Dosn ausm Leim. :|

3. Jetz kommt scho wieder oane, 's is ja a Kramermaadl,
   der Tobakkramer hat sie glei erkannt.
   Sie schlågt an Laamerdaawl[1], mir gäihts miserabl,
   mir ham's d'Dosn heit Nacht ganz verbrennt.
   I håb oan schnupfn lassn draußn auf der Gassn,
   der håt Tobak mir wolln einetoa(n).
   |: Doch lieber goar nix essn åls auf des vergessn!
   Doch fürs Schnupfn gibt's koa Rettung mehr. :|

WE: 1 = Lamento, Klagelied
GP: Ernst Fink, Neudek (Erzgebirge), später Marktleuthen (Wunsiedel)
AZ: HK (2003), TR: AE
Altes Wiener Couplet

Ohne Bier, Tabak und Liebe wär' das Leben wirklich trübe.

Wenn ich im Sommer früh erwach'

(Rehgoaß und Teiberling)

1. Wenn ich im Sommer früh erwach, dann weiß ich, was ich tu. Da nimm mein Körberl ich zur Hand und lauf dem Walde zu. Und bin ich dann im Walde drin, so hebt sich glei mei Gmüt. Ich singe dann mit frohem Sinn ein wunderschönes Lied. Rehgoaß und Teiberling, des is mei Freid, mei Freid, Rehgoaß und Teiberling, des is mei Freid.

D'Stock - schwam - merl,[3] d'Schaf - hei - terl[4] siagh i von

A

weit net gscheit, Reh - goaß und Tei - ber - ling,

D

des is mei Freid.___

2. Da lauf ich dann im Wald herum,
   reiß auf weitmächtig d'Augn,
   da seh i mehra Schwammerl steh,
   die wo halt net viel taugn.
   Sie haben weiße Tipferl fei und rote Kapperl auf.
   Zwar sans recht schön, doch i nimms net und sing viel lieber drauf:
   Wennsd Fliegenschwammerl dörrst am Brett, kaufens die Händler net,
   Rostpilze aa dazua, solche findst gnua.
   Rehgoaß und Teiberling, des is mei Freid, mei Freid …

3. Als ich tief drin im Walde war,
   da sah mich eine Maid,
   und lächelnd ging sie auf mich zu.
   Sie war ganz weg vor Freid.
   Und als sie mir dann näher kam und wollte mich verführn,
   da sang ich dann mein altes Lied, ich tat mich nicht schenarn.
   Rehgoaß und Teiberling, de san mir viel lieber
   als a scheens Dirndl samt ihrem Miader.
   Rehgoaß und Teiberling, des is mei Freid, mei Freid …

WE: 1 = Pfifferlinge, 2 = Täubling, 3 = Stockschwämmchen, 4 = Schafeuter
GP: Rosa Kienberger, vulgo Lenz-Nigl-Roserl, Rattenberg (Straubing-Bogen)
AZ / TR: AE (2012)

Text von Johann Mühlbauer, Schuster in Rattenberg
Melodie Teil 1: „Die alten Leit" in: Eugen Bauer: Waldbleamerln. Waldkirchen, 1904, S. 44
Melodie Teil 2: „Z'Dimmldong ham s' an Schimml ghabt"

Himml, Arsch und Zwirn

– Unterhaltung, Erzählung, Humor –

Himmel, Arsch und Zwirn

(Das Lied von der Gans)

1. Him-mel, Arsch und Zwirn, dies Lied ist nur fürs

Hirn: Die Gans kann flie-gen, im Was-ser lie-gen,

und Ei-er legt sie aa, groß und klaa, schwubbs-dich sind sie

da! Sie setzt sich nie-der, spreizt das Ge - fie - der

und streckt an Ber - zl raus, wie zum Schmaus,

schwubbs, das Ei ist raus! Das gibt dann jun-ge, ganz ge-

lun-ge - ne und g'schei-te Gäns, die wa-ckeln

mit die Schwänz, ihr lieb-ster Fraß ist Kraut, ist Gras, ist

Schneck, ist Re-gen-wurm, das ist e - nurm, ist e - nurm!

Zwischengesang

Und wenn die Schwal-ben wie-der kum-men,
mei die wer(d)n schaugn mit ih-re Aug'n,
und wenn die Schwal-ben wie-der kum-men,
mei die wer(d)n schaugn mit ih-re Augn!

2. Tschindarassa-bumm! Der erste Vers is rum.
   Jetz kommt der zweite, o welche Freude,
   man 's junge Gänslein pflegt, unentwegt zarte Hoffnung hegt.
   In großen Kästen tut man es mästen, befühlt dann zielbewußt,
   voller Lust, ihre gschwollne Brust.
   Und dann wird s' gstochen, aufgebrochen wird ihr zarter Bauch,
   man rupft und wäscht sie auch.
   Mit großem Fleiß macht s' man dann heiß
   und brat s' im Ofen drin, dann is sie hin, is sie hin.

3. Gänsebrüst und -ärsch, jetzt kommt der letzte Versch.
   Die Gans ist niedlich und meist sehr friedlich,
   wenn sie auch dann und wann dem Radlersmann gefährlich werden kann.
   Jedoch gebraten tut sie nicht schaden. Zudem ist Gänseschmalz
   jedenfalls sehr heilsam für den Hals.
   Drum is's a Schand, wenn oaner spannt,
   damit der andre nicht des größte Trumm erwischt.
   Ja, ob vom Busen oder Fußen
   oder gar vom Arsch, vorzüglich warsch.

Zwischengesang:

|: Und wenn die Schwalben wieder kummen,
mei die wer(d)n schaugn mit ihre Augn. :|

4. Dies Lied ist viel zu schön, drum sind drei Versch zu weng.
   Kulturhistorisch sei noch kursorisch
   der Gans und ihre Spur in der Natur aufgezeichnet nur.
   Im Altertume gereicht zum Ruhme der Gans die Retterei
   durch Geschrei vom Kapitol dabei.
   Was sie stets nütze, eine Stütze jeder Wissenschaft ob ihrer Federn Kraft.
   Es dankt dem Gänsekiel ganz immens viel
   der heutigen Bildung Glanz.
   Drum hoch die Gans, hoch die Gans!

GP: Franz und Uschi Schötz, Haselbach / Mitterfels (Straubing)
AZ / TR: WM (1997)

in: Hs. Liederheft Gesa Folkerts Nr. 3 (1998), S. 46

Ich bin ein alter Krämersmann

(Der Krämersmann)

1. Ich bin ein al - ter Krä-mers-mann, a - ber lei-der nicht von

hier, durch - rei-se wohl das gan-ze Land und komm' aus Bo-den -

wihr.[1] Und al - les, was ich hier ver-kauf, braucht der Mensch zum

Le-bens-lauf. Drum, Leit, kommts rein und kaufts nur bil-lig

Änderungen ab Strophe 2: Takt 3   *Takt 7*

ein!

2. Zigarrenspitzel, Hosenträger, Flaschenbier,
   Unterkittel, Buacherknittel, Briefpapier.
   Fensterbrettl, Bülderbiachl, Peifenköpf und weiße Tüachl,
   Stallscharnier, ja alles ham ma hier!

3. Wanzenpulver, warme Semmeln, süaßn Schnaps,
   Jagerwäsch, die größt'n Trümmer und a junge Katz.
   Weiße Stiefl, Äpfelbutzn, Bettvorlag'n, Jagerstutz'n,
   Hos'nknöpf und aa falsche Zöpf.

4. Falsche Zähn mit Haar verwachs'n, Wagenschmier,
   Kopfsalat mit Hehnerbratz'n, Most und Bier.
   Weckeruhren, Küchenmesser, Löffel für an Menschenfresser,
   Salz und Speck und a Silberb'steck.

5. Fliagenleim und kloane Spiagl, Sonntagskleid,
   Meterstab und Wasserkrüagl, Feierzeig,
   Kisten Kerschen, Feig'n und Nuss'n und a Fassl g'salz'ne Russ'n,
   Russ'ngift und an Lipp'nstift.

6. Gelbe Ruabn mit Zwieflschalen, Ofaring,
   Kaas und Brot und Bleamlstöck und Leichtbenzin.
   Ofarohr und Portemonnaie und a Packl schwoarz'n Tee,
   Sülwastern[2], nur für feine Herrn.

7. Diamant mit Himbeersaft, Kalk und Sand,
   Damenleibl, Miaderhaftl, allerhand.
   Tasch'nlamp'n, Gsodmaschinen und an greaner Huat.
   Tandler auf, bei mir is' Ausverkauf!

WE: 1 = Bodenwöhr, 2 = Silberstern, alte Zigarrenmarke
GP: Josef Pfab, Mangolding / Mintraching (Regensburg)
AZ: WM / Evi Heigl (1992), TR: Evi Heigl

Und der Wirtsflorian

1. Und der Wirts-flo - ri - an håut d' Waa-dl vor -

an und d' Schien - boi - ner hint, daß 's n'an

kennts wenn er kinnt. Håb a da

ep - pa ep - pa, håb a da ep - pa ep - pa, håb a da

ep - pa ep - pa, wås tou, håb a da ep - pa, ep - pa wås

tou, håb a da ep - pa, ep - pa wås tou, håb a da

tou, håb a da ep - pa ep - pa, håb a da

ep - pa ep - pa wås tou? Zeigts na'n oa(n)!

2. Und wenn oiner kinnt und håut d'Schienboiner hint
   und d'Waadl voran, des is der Wirtsflorian.

   Håb a da eppa eppa …

GP: N.N., Reichental bei Roßhaupt, Kreis Tachau (Egerland)
AZ: Wolf (1945)

in: Brosch, Nr. 656

Der Schluss „Zeigts na'n oa(n)!" ist mehr gerufen als gesungen.

*Lustig Blut und leichter Sinn,
fort ist fort und hin ist hin.*

Am Sonntag, da ruht sich
wohl jeder Mensch aus

1. Am Sonn-tag, da ruht sich wohl je - der Mensch aus, der ei - ne im Wirts-haus, der an - dre zu - haus. Hol - la - da - ri - a, hol - la - da - ro, hol - la - da - ri - a, hol - la - ra - di - ro.

2. Am Montag, da gfreit'n die Arbat gar net,
   der Montag am meist'n zum Blaumacha geht.
   Hol-la-da-ria …

3. Am Dienstag, da fängt man schön langsam dann an,
   damit man am Mittwoch schee arbeitn kann.
   Hol-la-da-ria …

4. Am Mittwoch, da pack ma dann wirkli fest an,
   weil ma die ganz Wocha net faulenzn kann.
   Hol-la-da-ria …

5. Die Donnerschtag-Arbeit, die klappt na wieder net,
   weil an a Maschine a Radl net geht.
   Hol-la-da-ria …

6. Der Freitag is wieder a ganz faader Tåg,
   wo tatsächlich niemand gern arbeitn måg.
   Hol-la-da-ria …

7. Am Samstag, das sieht doch a jeder Mensch ein,
   is Schluß mit der Arbat, muaß Zahltag doch sein.
   Hol-la-da-ria …

GIGL, GEIGL, NO A SEIDL

8. Vier Füß' håt a Es'l, 's gibt auch welche mit zwei,
   von allen, die hier san, is koaner dabei.
   Hol-la-da-ria …

GP: Christian Kohler (*1909), Neukirchen (Tirschenreuth)
AZ/TR: WM (1981), IfV: Tb 161r/251-292

in: Register- und Beispielsammlung zu den Forschungsexkursionen des IfV in die Oberpfalz
(1981), S. 114

Nach der geläufigen Schnaderhüpflmelodie „Då drobn auf'm Bergerl"

Viel schöner ist des Lebens Zierde,
wenn du am Abend trinkst mit Würde
und mit Genuss am Stammtisch hier
ein Gläschen gut gepflegtes Bier. Prost!

Der Waldler vertraut gern auf Gott

(An Waldler sei Scha)

1. Der Wald-ler ver - traut gern auf Gott,___ drum håt er aa sel - tn a Not.___ Håt Kraut und håt Erd - äp - fl gnua___ und recht gro-ße Knö-dln da - zua.___ A Herbst - sup - pn, des is a Pracht,___ de gibt's in der Früah und auf d'Nacht. Und al - le Tåg a Rit-schi muaß 's sa(n), ha, ha, ja, des is an Wald-ler sei Scha!___

GIGL, GEIGL, NO A SEIDL

2. Beim Raufa, da gibt er koan Fried. Wo's lustig is, tuat er gern mit.
   Håt meistens sei Weiberl recht gern, drum tuat er sei Famili vermehrn.
   Kaum kann halt des Kleinst a wenig steh, so sieht ma'n zu der Tauf scho wieder geh.
   |: Denn Kinder wia d'Orglpfeifa, ha, ha, ja des is halt an Waldler sei Scha. :|

3. A Fackerl[4], a guats G'wicht, des Paar, de fua'tert der Waldler all' Jahr.
   Und wenn's a paar Zentner tuan håm, nacha sticht er s' mit Freuden glei zamm.
   Beim Essn då geht's nacha g'schwind, dass ihm d'Fettn zum Fotz[5] åbarinnt.
   |: Wenn Pluntzn[6] voll Speck å(n)g'schoppt san, ha, ha, ja, des is an Waldler sei Scha. :|

4. Der Waldler erkennt aa koan Stolz und håt er aa no so viel Holz.
   Er teilt gern mit'm Nächstn sei Brot, wenn oaner nur sagt „Vergelt's Gott":
   Denn Dankschön is bei ihm net der Brauch, er is von Geburt aus scho rau(h).
   |: Er gaab ja oan' 's Allerletzta, ha, ha, ja des is an Waldler sei Scha. :|

5. A Eignschaft woaß i jetzt no: De håt bei uns fast jeder Mo:
   An Schmalzler[7] alle Tåg a halbs Pfund, Bruader, des is'n Waldler ganz g'sund.
   Sei Nåsn is meistns recht dick, des sieght ma scho beim erstn Blick.
   |: Denn alle Minutn schnupfa, ha, ha, ja, des is an Waldler sei Scha. :|

WE: 1 = Charme, 2 = saure Milchsuppe, 3 = Kartoffelspeise, 4 = Ferkel, 5 = Mund,
    6 = Blutwurst, 7 = Schnupftabak
GP: Rosa Kienberger, vulgo Lenz-Nigl-Roserl, Rattenberg (Straubing-Bogen)
AZ: AE (2012)

in: Slg. Rosa Kienberger, Nr. 29

Die Statistik lasst erkenna

(Geh nehma S' doch an Altn!)

kräftig und ruhig

1. Die Sta - tis-tik lasst er - ken-na, 's gibt mehr Frau-en als wia
Män-ner! Da-rum rat ich al-len Fraun, sich bei-zei-ten
um-zu-schaun. Je-de kann koan Jun-gen krie-gen, muass mi(t)'n
Al-ten sich be - gnü-gen. Schaf-fen S' sich an Al-ten
an, bes-ser is's wia gar kein Mann. Geh neh-ma S' doch an
Al-tn! *(nur 2. - 4. Strophe)* An Be-am-ten mit Pen-sion,
sehr be-gehrt ist die Per-son! Geh neh-ma S' doch an Al-tn!
is de Ju-gend auch vor - bei: Gebn S' eahm Ka-vi-ar zum
Es - sn und dann schaut er aus wie neu!

GIGL, GEIGL, NO A SEIDL

2. Ist der Mann auch kein Adonis[1], d'Hauptsach, dass's a Mannsperson is.
   War er aa(r)a Schönheit nie, umso mehr schaugt man auf sie.
   Hat er aa(r)a Riesnglatze, einer kriegt sie, einer hat sie,
   hat er aa(r) a Doppelkinn, macht nix, glangan S' zweimal hin.
   Sprechgesang: |: Geh, nehma S' doch an Altn :|, hat er aa scho a paar Faltn.
   Gesungen: Die sind nur am Kopf zu sehn, das andre ist vielleicht noch schön.
   Sprechgesang: |: Geh, nehma S' doch an Altn :|, hat er aa(r)an Riesenbauch.
   Gesungen: An Junga müassn S' erst no fuattern, und der hat scho, was er braucht.

3. Ham S' an jungen Mann, dann schaun auf ihn noch andre Fraun.
   Bei am Altn gibt's koan Schreck, den nimmt Eahna koane weg.
   Junge Männer, wie Sie wissen, wolln auch andre Frauen küssen.
   An Alter, der küsst nur zu Haus, denn da kennt er sich schon aus.
   Sprechgesang: |: Geh, nehma S' doch an Altn :|, der is doch froh, wenn S' eahm b'haltn.
   Gesungen: Ist bei Tag recht munter er, schläft bei Nacht er umso mehr.
   Sprechgesang: |: Geh, nehma S' doch an Altn :|, sollt er aa mal grantig sei,
   Gesungen: nehman S' a Büchserl mit an Salberl und schmiern eahm 's Wamperl ei.

4. Junge Männer sind beim Lieben immer mächtig übertrieben,
   wollen lieben ohne End, denn die haben noch Temprament.
   So ein Alter tut hingegen sich das reiflich überlegen.
   Was er heut nicht kann besorgn, das verschiebt er halt auf morgn.
   Sprechgesang: |: Geh, nehma S' doch an Altn :|, der geht weniger aus sich raus,
   Gesungen: küsst nicht öfter, dafür länger, und da gleicht sich's wieder aus.
   Sprechgesang: |: Geh, nehma S'doch an Altn :|, der liebt voller Liebesqual,
   Gesungen: denn ein jedesmal da denkt er, vielleicht ist's das letzte Mal.

WE: 1 = Schönling
GP: Gretl Falkensteiner, München
AZ: WM (1998), TR: Hansl Hämmerle / WM

in: Die Grainau-Gazette, Heft für die Volksmusiktage 2007
   in Grainau / Obb. S. 36–37

Nach dem Couplet von Otto Reutter „Nehm Se 'n Alten"

Mia daatn gern aaf d Weiber verzichtn,
wenn ma's niat so noutwendi brauchatn.

Der Sepperl, der ist einer

1. Der Sep-perl, der ist ei-ner, ist al-les nur nicht schön. Er hat ge-bog-ne Bei-ner, doch im Fin-stern kann er gehn. Als der Storch den Jun-gen brach-te, war ich ko-los-sal er-freut. Wenn ich ihn nun so be-trach-te, tut er mir von Her-zen leid. I spann mein Reng-schirm auf und schiab drauf los, ja, so a Reng-schirm schirmt fa-mos. I spann mein Reng-schirm auf und schiab drauf los, ja, so a Reng-schirm schirmt fa-mos.

GIGL, GEIGL, NO A SEIDL

2. In einen Fleischerladen der kleine Maxl kommt.
   Für'n großen Hund ein Fressen fordert er ganz prompt:
   „Aber nicht so fett wie gestern, sonst nehme ich es nicht,
   weil davon meinem Vater so schlecht geworden ist."
   I spann mein Rengschirm auf …

3. Der Lehrer in der Schule erklärt den Kindern das:
   „Zum Laufen ghörn die Füße, zum Riechen ghört die Nas."
   „Na, na", sågt drauf der Maxl: „Herr Lehrer, wie ist das,
   bei mein'm Vater riechen die Füße, und laufen tut die Nas."
   I spann mein Rengschirm auf …

4. Der Vater sagt zum Maxl: „Wenn du recht brav wirst sein,
   dann wird der Storch dir bringen ein kleines Schwesterlein."
   „Na, na", sagt drauf der Maxl, „tua doch net goar aso,
   denn wenn i's aa net brauch, deswegn bringt er es do(ch)."
   I spann mein Rengschirm auf …

GP: Helmut Zwack, vulgo Kurzmaul, Fuchsberg / Teunz (Schwandorf)
AZ / TR: AE (2006)

Sog. gesungene Witze

De schlechtesten Leit
san de Manner- und Weiberleit,
weil's sunst koane gibt.

In Egherland woar's fröiher schöi

(De nei Zeit)

1. In E - gher-land woar's fröi-her schöi, dou woar a an-(d)ers Le(b)n, dou håuts hålt se-cher Hå-sn-föiß wöi heint-zu-tågh niat ge(b)n. Håut je - der aaf saa Mut-ter-sprouch nu ghål-tn a grouß' Stück, heint ria(d)n[1] die mei-stn nou der Schrift und håm da - zou koa Gschick. Der, wås niat mit der Mo-de gäiht, der wås niat nou-che koa, der gült nix in der gan - zn Gmoi, koa Tei - fl schaut dean oa. Und kummt ma in a (r) a Wirts-haus ei, häi-ert ma nix wöi Po - li - tik. Wird gstrien, und gäihts oh-ne Raaf-fn o, sagt der

GIGL, GEIGL, NO A SEIDL

Wirt: "Heint håb e Glück." Und äi - erst ba ran
Tanz, dou wer(d)n se naar - risch ganz. Heint

tan - zns al - le Jim - my, brin - ga d'Ha - xn nim - mer
Reck - la wöi Schneiz - töich - la und_ Taasch - la wöi Ge - bet -

im - mi, denn für die jun - gen Herrn is as
böich - la, sie zeign a na - ckerts Boa, is_

Al - ter niat mo - dern. Döi Moi(d) - la san halb
unt a Goaß - föi - ßl droa. Sie ga - ckern um wöi

na - ckert, oa - gstri - chn und rout - ba - ckert, ham
d'Heh - ner aaf u - nern Stå - dl - ten - na. Sua

tan - zns vul - ler Freid, ba_ de - rer nei - a Zeit.

2. All Jaoha zu der Kirwa kumma vül Leit aas der Stådt
   zum Tanz aaf's Dorf, und Prügl hult sich dou so mancher sått.
   Döi Bauernsboum håm Geld im Sook und raaffn kinnas aa.
   Fangt oiner amål zum Stänkern oa, der kröigt a(r)a affer schwaar[2].

3. Der Stadtrat, der schöibt hin und her, döi Muse gfalltn nan gråd,
as spült a ålte Zuchhamanie[3], as faahlt der Dudlsåck.
Döi Stådtleit tanzn Jimmy near, döi Dorfleit schaua all.
Aaf oimål bäigt[4] su(r)a Bauernbou gråd mittn drin in Saal:

4. „Öitz wird's ma fei bal(d) z'dumm! Des is a Bauernstubn
und niat a Saal für d'Affn, ich wir(d) enk Boiner mach'n!
Döi Faxn håb e sått, bleibts drinn in enkrer Stådt!
Gäihts ham und legts enk nieder, schounts[5] enkre gsundn Glieder,
verschounts uns Bauernleit mit enkrer neia Zeit!

WE: 1 = reden, 2 = der bekommt sie nachher schwer, 3 = Ziehharmonika, 4 = schreit,
    5 = schont
GP: Hans Pecher, Neudek (Erzgebirge), später Tirschenreuth (Tirschenreuth)
AZ/TR: HK (1997)
in: Kreger: Tirschenreuther Liedermappe 8 (2004), Nr. 14

Bist du beim Saufen, dann bleibe dabei
weil d'Alte di schimpft um Zehne und um Drei.

I bin der Knödlwastl

1. I bin der Knödlwastl und du der Knödlhans.
   Unser Mutter, de hoaßt Kathl, unser Vatter Knödlfranz.
   Ma håt uns halt so g'hoaßn, weil's allen is bekannt,
   I: dass mia de ganze Wocha ham Knödl mitanand. :I

2. Und schon als kloane Fratzn ham s' uns scho überall kennt,
   und zweng unsre Stickl zwoa Lausbuam uns gråd gnennt.
   Amål ham ma uns're Köter recht mentisch zwickt am Schwanz,
   I: amål ham ma daworfa dem Nachbarn seine Gans. :I

3. Amål ham mia beim Bauern recht giftige Pillen g'legt,
   dass alle seine Hehna auf oamal san varreckt.
   Amål ham mia beim Pfarrer de scheenstn Äpfl g'stohln,
   I: na san man nüber zum Lehrer, um seine Birn' zu holn. :I

4. Amål san mia zum Kramer, då ham ma kauft Zigarrn
   und g'raucht als wia de Altn, ma mächts ja gar net glaabn.
   Auf oamål wurd's uns übel, des håt uns mentisch g'hasst,
   I: bis mia uns ham besunna, war d'Hosn voll Morast. :I

5. Wia d'Schul dann war vorüber, na san ma kumma in d'Lehr,
   då konnt' ma uns net haltn, des war alles zu schwer.
   Drauf ham ma uns entschlossn, jetzt tuan ma privatisiern,
   I: då braucht ma se net bucka und braucht ma se net rührn. :I

GP: Alfred Kinskofer, Hainsacker (Regensburg)
AZ: AE (2012)
Nach der Melodie „So lang der Alte Peter" von Carl Lorens
in: Becher / Mayer: So lang der Alte Peter, S. 251

Zur Unterscheidung der heiligen vier Franzen
ein Spruch aus Rittersteig / Neukirchen b.Hl. Blut (Cham):

Der Franz vo Assisi, der sauft bloß a bissi.
Der Franz Xaver, der sauft scho mehr.
Der Franz von Sales, der sauft einfach alles.
Der Franz vo Paul, der ist zu faul.

Der Frühling ist gekommen

(Da drobn am Nockherberg)

Marschtempo ♩=108

1. Der Früh-ling ist ge - kom-men, die Bäu-me schla-gen aus. Da wan-dert al - les lus-tig gar in die Au hi - naus. Sie sua-cha si' a Pla-tzerl da dro-ben auf der Höh, und die-ses schö-ne Pla-tzerl wiss' ma'r eh!

Des is am No - ckher - berg,[1] der wo am Za - cherl[2] g'hört, da gibts a gua - tes Bier und oi - wei san ma lus-tig hier! Da find' sich Groß und Klein glei beim "Sal - va - tor"[3] ein, da drob'n am

GIGL, GEIGL, NO A SEIDL

No-ckher-berg, der   wo am Za-cherl g'hört! Habt's es   g'hört!

2. Ein Ehemann, der hat mit seinem Weib a rechtes Gfrett,
   denn so a großes Luader gibt's auf der Welt gar net.
   Im Schimpfn und im Streitn kann ihr gar koaner o,
   er tuat mir selber leid, der arme Mo.
   Er führts am Nockherberg, der wo am Zacherl ghört,
   bind's an aan Baum hinan, dass sie nicht mehr so schreien kann.
   Wenn er gnua gsuffa håt, na sagt er glei: „Pfüat Gott,
   bleib du am Nockherberg, der wo am Zacherl ghört!"
   Habt's es g'hört?

3. Zwoa Maderl, zwoa feine, de könna(r)anander net lei(d)n,
   und wenn sie sich begegnen, ja dann wer(d)n's so weiß wia Krei(d)n.
   Sie schimpfen und sie streiten, zerreißn anander 's Gwand,
   da kummt a junger Herr, nimmts bei der Hand:
   Führts übern Nockherberg, der wo am Zacherl ghört,
   über d'Fraunhofer Brückn und direkt in d' Ettstraß[4] nei!
   Dort werden sie verhört, zuletzt noch eingesperrt
   zweng Streit am Nockherberg, der wo am Zacherl ghört!
   Habt's es g'hört?

4. Um viertel über fünfe, då kugelt oaner raus,
   der siacht[5] scho ganz vaduslt und vahonacklt aus!
   An Huat håt er auf der Seitn, und 's Gsicht is voller Ruaß,
   er denkt si halt: Ja, weil's scho so sei muaß!
   Rutscht übern Nockherberg, der wo am Zacherl ghört,
   hängt an aan Randstoa ei und fallt direkt in Straßgråbn nei!
   De Nåsn mit'm Gesicht, drauf ein „Vergißmeinnicht",
   der Mann vom Nockherberg, der wo am Zacherl ghört!
   Habt's as g'hört?

5. Wo gibt's die schönsten Liader, wo gibt's des schönste Gstanz[6],
   wo gibt's die schönsten Maderln, wo gibt's die besten Tanz?
   Wo gibt's die besten Würschtln mit Zwiefl und mit Kre(n),
   då muaß oaner scho Stunden weit hergeh!
   Des gibt's am Nockherberg, der wo am Zacherl ghört,
   då gibt's a guates Bier, und oiwei san ma lustig hier!
   Da find sich Groß und Klein gleich beim Salvator ein,
   då drobn am Nockherberg, der wo am Zacherl ghört!
   Habt's as g'hört?

WE: 1= Hügel in München, 2 = bekannter Wirt, 3 = Starkbier zur Fastenzeit,
    4 = Sitz der Polizei, 5 = sieht, 6 = Gesang
GP: Hans Gessendorfer, Regensburg
AZ / TR: AE (2000)

Neubetextung der Melodien von „O Jessas, as Feierhaisl brennt" und
„Wohl in der Lindenau"

Vgl. Becher / Mayer: Münchner Liederbuch, S. 51ff.

Wenn dir auch hoch die Preise scheinen,
darfst du dem Wirt nicht übel meinen.
Anstatt mit diesem dich zu zanken,
magst du beim Reichstag dich bedanken.
Anstatt zu grollen und zu zetern,
beschwer dich bei den Volksvertretern,
die du voll Weisheit und Verstand
als Wähler nach Berlin entsandt.
Drum trag die neuen Steuern heiter
und sei ein andermal gescheiter!
(Alter Trinkspruch)

Eine Jungfrau von sechzig Jahr'n

1. Ei-ne Jung-frau von sech-zig Jahr'n denkt noch an Lie-be gar. Ein Hei-rats - in-se-rat setzt sie ins Hei-mat - blatt. Ein Schnei-der sehn-suchts-voll, der geht gleich auf den Kohl. Wie er die Jung-frau schaut, ruft er voll Schre-cken laut: "Draah di um, du al - te Ru-tschn, loihn di o, daß ma dei - ne Fal - tn au - ßa - bü - gln ko! Draah di au - ßa - bü - gln ko.

2. Ein bitterböses Weib, die tuat zum Zeitvertreib
zwanzg Jahre lang ungeniert ihrn Mann schikiern[1].
Auf oamal wird sie krank, fallt hin auf eine Bank,
sagt: „Ma(nn), öitz gäiht's dahi. Laaf schnell zum Doktor hi!"
„Stirb near zou", sågt er „öitza håust gråd Zeit.
Wannst di länger b'sinnst, na woiß i, dass' mi reit[2]!
|: Draah di um, mach deine liabn Aiglein zou,
foahr in Himml nei, lou(ß) endlich mir mei Rouh!" :|

WE: 1 = schikanieren, 2 = reut
GP: Georg Reil, vulgo Pauschnhof Girgl,
   Lückenrieth / Leuchtenberg (Neustadt a. d. Waldnaab)
AZ / TR: AE (2011)

Warum håt denn der Sepperl so ein Glück bei der Zenz

(So a Lederhosn)

1. Wa - rum håt denn der Sep-perl so ein Glück bei der Zenz, sie liebt ihn, man kennts, trotz der Kon-kur-renz! So schön ist er doch wie-der nicht und auch nicht so g'scheit, das sagt a je-der Bua vor lau-ter Neid! Doch der Sep-perl spricht: "Ihr wißt es nicht? Ganz ein-fach ist die G'schicht: So a Le-der-ho-sn riacht gråd net nach Ro-sn, trotz-dem ha-ben sie die Herrn, a-ber auch die Da-men gern! So a Le-der-ho-sn paßt für je-den Gro-ßn, ist er a-ber noch zu klein, wachst er

GIGL, GEIGL, NO A SEIDL

sich viel-leicht hi - nein! Vor-ne ist die Ho-sn vol-ler
Fleck, vol - ler Fleck, hin-ten ist sie im - mer vol - ler
Speck, vol-ler Speck! So a Le - der-ho - sn riacht gråd
net nach Ro-sn, trotz-dem ha-ben sie die Herrn, a - ber
auch die Da-men gern!"

2. Warum geh'n denn die Lederhosn nur bis zum Knie?
   Denn weiter gehens nie! Das frage ich Sie!
   Die andern Hosen gehen alle bis zu die Füß,
   warum die eine so viel kürzer is?
   Die Antwort findet ein jedes Kind:
   weils halt nicht länger sind.
   So a Lederhosn …

3. Wer neue Lederhosn kauft, der hat keinen Dunst,
   das ist keine Kunst und ist ganz umsunst.
   Je älter eine Hosn, desto größer ihr Wert,
   bei den Frauen ist das wieder umgekehrt.
   Drum sagn wir heut für alle Zeit
   bei der Gelegenheit:
   So a Lederhosn …

GP: Else Tretter, Premenreuth / Reuth bei Erbendorf (Tirschenreuth)
AZ / TR: WM (1987)

in: Hs. Liederheft Gesa Folkerts 5 (1999/2000), S. 44

Ursprünglich ein „lustiger Foxtrott" aus Wien. Text: Friedrich Meder, Musik: Charles Loubé

Ein Rollmops und ein Haring

1. Ein Roll-mops und ein Ha-ring, die schwam-men ü-bern
der Roll-mops, der ging un-ter, der Ha-ring in die

See, Da kommt ein Hai-fisch g'schwom-men, der
Höh.

frißt den Ha-ring auf, da lach-te sich der Roll-mops die

Ste-ckerl aus dem Bauch. Bauch. Er nimmt den Schirm und

schia(m)t drauf los, a so a Regn-schirm

is fa-mos, då werst net nåß. Er nimmt den Schirm und

schia(m)t drauf los, a so a Regn-schirm is fa-mos!

GIGL, GEIGL, NO A SEIDL

2. In Rengschburg ist es Sitte, da fährt man mit der Schäs[1],
   des oane Roß håt Plattfüaß, des ander is nervös.
   Der Kutscher, der is bucklert und d'Raadl, de san krumm,
   |: und alle fünf Minutn fallt so a Scheißkarrn um. :|

   Er nimmt den Schirm …

WE: 1 = Kutsche
GP: o.A.
AZ/TR: Roland Pongratz (o.J.)
in: Hs. Liederheft Gesa Folkerts Nr. 4 (1999), S. 36

Auf dem Grunde des Meeres,
da schwamm ein Schiff, ein schweres.
Der Kamin, der war verrost.
Prost, Prost, Prost!

Ein Kranker kommt zum Doktor

1. Ein Kran-ker kommt zum Dok-tor und jam-mert, wås er ko. Der Dok-tor is recht freind-lich und fragt: "Wo fehlt's denn, Mo?" "Wenn i då her-druck", sagt er, "dann tut's so weh då drin." "Du Rind-vieh," sagt der Dok-tor, "dann druckst hålt net då hin." "Du Rind-vieh," sagt der Dok-tor, "dann druckst hålt net då hin."

Ein Kranker kommt zum Doktor, a ganz a gscherter Tropf,
er stampft hinein ins Zimmer, behält den Huat am Kopf.
Der Arzt sagt: „Aber bitte, nehmen S' den Huat ab, aber fix!"
I: „Des braucht's net, sagt der Kranke, „denn am Kopf, da fehlt ma nix!" :I

Ein Kranker kommt zum Doktor, er sagt, er kann nicht gehn,
nicht liegen und nicht sitzen und dazu auch nicht stehn.
„Nicht liegen, sitzen, gehen", sagt da der Doktor drauf,
I: „då woaß ich bloß oa Mittel, då hänga S' Eahna auf!" :I

Ein Bauer sagt zum andern: „Grüß Gott, wia geht's da denn?"
Dir is dei Hof erst abbrennt, bist denn versichert g'wen?"
„Du Rindviech", sagt drauf der andre, „håst du des gar net kennt?"
I: „Wenn ich net waar versichert, dann hätt's doch gar net brennt!" :I

Ein Bauer war besoffen, besoffen in der Nacht,
da hat er aus Versehen die Saustalltür aufg'macht.
Er denkt, er wär im Traume bei seiner lieben Frau,
I: und küsst anstatt sei Weiberl im Schlaf die alte Sau. :I

Ein Bauer sagt vorm Sterben: „Du Frau, mir waars jetzt recht,
wenns'd wirklich noch amal heiratst, dann heiratst unsern Knecht.
Der is von all den andern der best' auf jeden Fall."
I: „Den nimm ich" sagt die Bäurin, „jetzt stirb near grâd amal!" :I

Der Fritzl in der Schule schreit plötzlich ganz entsetzt,
der hât sich mit sein Hintern in seine Feder gsetzt.
Der Lehrer moant: „Da werd leicht a Blutvergiftung draus,
I: drum is's am allerbesten, du saugst die Wund'n aus." :I

Eine Fahrschülerin macht bei der Prüfung die Handbremse nicht auf,
es dauert gar nicht lange, da kommt der Prüfer drauf.
Er sagt: „In diesem Auto, da riecht's so komisch hier!"
I: Das Mädchen drauf entgegnet: „Der G'ruch ist nicht von mir!" :I

Ein Schutzmann sagt zum andern: „Um viere in der Fruah,
pass auf, da vorne raufen s', da gebieten wir jetzt Ruah."
„Dahin gehen," sagt da der zwoate, „mei, des überleg dir fei,
I: des san ja mehr wia zehne, da misch ich mich net drei." :I

Ein Freund, der sagt zum andern: „Mir is dei Frau begegnet."
„Was hat sie denn gesprochen?" Der Andre drauf entgengt :
„Gesprochen", sagt der wieder „gar nichts, ich woaß's genau."
I: Der andre drauf entgegnet: „Dann war's aa net mei Frau!" :I

Zwei Frauen diskutieren den Fall besonders scharf,
ob man nebn dem einen noch an andern lieben darf.
„Ja, freilich," sagt da a dritte, „des liegt doch auf der Hand,
I: „du darfst den einen lieben, wann's der andre nur net spannt." :I

Ein Junggsell sprach zum Eh'mann: „Ich hâb's heut g'hört für gwiß,
man soll viel länger leben, wenn man verheirat't is."
„Ach wo," sagt drauf der Eh'mann" mit traurigem Humor:
I: „Ein Eh'mann lebt nicht länger, dem kommt's nur länger vor!" :I

Ein Wirt, der sagt zum Hausknecht: „Warst du im Rauchfang drobn?
Da warn bis jetzt drei Schink'n, jetzt hängt bloß oaner drobn."
„Wâs, oaner hängt noch droben, wie is denn des bloß g'schehng?"
I: „Du muaßt fei scho entschuldigen, den hâb ich übersehng!" :I

Jetzt sind die Witze g'sunga, mir fållt keiner mehr ein,
es muss in allen Dingen einmal ein Ende sein.
Drum ade, ihr lieben Gäste, mir tut der Schnabel weh,
|: Ich glaub, es ist das Beste, ich halt mei Maul und geh. :|

GP: Andreas und Bartholomäus Lobinger, vulgo Bouwerl Andres und Bath, Oberviechtach
(Schwandorf) und Zeinried / Teunz (Schwandorf)
AZ / TR: AE (2011)
Die gleichen Texte auch auf die Melodie „Ein Bauer geht nach Hause", S. 68
Lobinger bezeichnet dieses Lied als „gesungene Witze".
Nur die letzte Zeile bei der Wiederholung zweistimmig zu singen.

Jetz nimm i mei Stutzerl

1. Jetz nimm i mei Stu-tzerl, geh hi - naus in den
Wåld, und ich schiaß mirs ein Reh-lein, sei es
jung o - der ålt. Und ich ålt.

2. Und als sich das Tierlein zur Erde gelegt,
   |: sieh, da kamen drei Jäger gegangen des Wegs. :|

3. Sie kamen gegangen, gegangen zu mir.
   |: „Deinen wunderschönen Stutzerl, den nehmen wir dir." :|

4. „Meinen wunderschönen Stutzerl, den nehmt ihr mir nicht,
   |: weil er ist ja scharf geladen, drum fürcht ich mich nicht." :|

5. „Mach's grad so wie mein Vater, der hat mir's oft gesagt:
   |: Nach so drei oder vier Jaager hat er gar nicht gefragt." :|

6. Jetz nimm i mei Federn, stecks auffi am Huat.
   |: Und den Jaager möcht i kenna, der ma's åwanehma[1] tuat. :|

WE: 1 = herunternehmen

Nachgesang:

GP: Joseph Zoch (*1908), Deining (Neumarkt)
AZ/TR: Rudi Bayerl (1981)

in: Lehrgangsheft 11. OPf. Herbsttreffen Sulzbürg (1996), S. 63

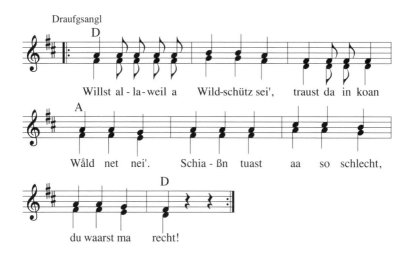

Draufgsangl

Willst al-la-weil a Wild-schütz sei', traust da in koan Wåld net nei'. Schia-ßn tuast aa so schlecht, du waarst ma recht!

Wöi un(s)er Herr die Erdn hat erschaffn

1. Wöi un-(s)er Herr die Er-dn hat er-schaf-fn, schuf er die
Fisch, die Vö-gel und die Af-fn. Nou håut er
in döi grou-ße wei-te Welt den A-dam
ganz al-loi-ne ei-ne-gstellt. Nou håut er gstellt.

2. Und an Adam is' ganz angsterbang worn,
und de Zeit, de is nan aa ganz lang worn.
I: Dou schreit er: „Oh, ei du mei löibcr Gott,
befrei me aas der schweren Seelennot!" :I

3. Und der Hergott schickt an Adam schlouffn
und aa de Fisch, de Vögl und an Affn.
I: Nou nimmt er ihm a Rippn aas dem Leib
und schafft daraus de Eva, Adams Weib. :I

4. Und nou(r)a Wochn, wöi der Herr an Adam gfrougt håt,
ob ihm sei Wei, de Eva, nu behåugn taat[1],
I: dou rouft er: „Kumm, reiß ma ålle Rippala raus
und mach lauter solche Weiberla draus!" :I

5. Und nou drei Wochn, wöi der Herr an Adam gfrougt håt,
ob ihm sei Wei, de Eva, nu behåugn taat,
I: dou schreit er: „O du Himmlvåter, mei,
setz ma near glei mei Rippn wieder ei!" :I

WE: 1 = behagen würde, angenehm wäre
GP: Oberstimme: Roland Ertl, Sinnleithen/Edelsfeld (Amberg-Sulzbach)
    Unterstimme: Markus Stauber, Sulzbach-Rosenberg (Amberg-Sulzbach)
AZ/TR: AE (2008)
Text im Dialekt von Neukirchen bei Sulzbach-Rosenberg (Amberg-Sulzbach)

Und wenn i ma Höiterl gråd aafsetzn tou

flott

1. Und, wenn i ma Höi-terl gråd aaf-set-zn tou, dann woiß ja a je-der ganz gwiß. Då bin i reat[1] lei-di, då bin i niat grob, gråd, daß ma hålt al-les oins is.

2. Und wenn i maa Höiterl am Ohr sitzn hå(b')
   und jucherts dann nauf in die Häich[2],
   nou wissn de Moidla ja weit und breit scho,
   dass i heint in d'Hutzerstubn[3] gäih.

3. Und hå(b) i maa Höiterl ins Gnack einezuagn,
   nou hå(b) i hålt wieder koa Geld.
   Ma Mutter håt mi mit'n Hulzscheitlan[4] taaft,
   drum hå(b) e koa Glück aaf der Welt.

4. Und wenn i maa Höiterl über d'Stirn einazöigh,
   gäiht's weg, fangt's mit mir heint nix oa!
   Ich taat's aa mit zwoa Dutznd Bouman heint wågn
   und hauat 'n Teifl davoa.

WE: 1 = recht, 2 = Höhe, 3 = Nachbarschaftsbesuch, 4 = Holzscheit
GP: Hans Pecher, Neudek (Erzgebirge), später Tirschenreuth (Tirschenreuth)
AZ: HK (1996), TR: AE

in: Kreger: Tirschenreuther Liedermappe 9 (2004), Nr. 12

Ein Bauer geht nach Hause

Ein Bau-er geht nach Hau-se ganz spät in der Nacht. Da

hat er statt der Haus-tür den Schwein-stall auf-ge - macht. Er

leg-te sich dann nie-der zu sei-ner lie-ben Frau, der -

weil ist er im Schwei-ne-stall und küßt die al - te Sau. Ja,

hol - la - di - ri - di, hol - la - rom, ein

je - der liabt sein Weib, ob 's reg-net o - der schneit. Di -

hol - la - ri, di - hol - la - rom, ein

je - der liabt sein Weib zum Zeit - ver - treib.

GP: Hauptstimme: Christian Knan, Schwend (Amberg-Sulzbach)
Überstimme: Leonhard Utz, Schwend (Amberg-Sulzbach)
AZ: WM

in: Register- und Beispielsammlung zu den Forschungsexkursionen des IfV in die Oberpfalz (1981), S. 76

Weitere Strophen bei „Ein Kranker kommt zum Doktor", S. 62f., „Der Großpapa wird achtzig", S. 70f., „Ein Rollmops und ein Haring", S. 60f., „Der Sepperl, der ist einer", S. 48f. Sog. gesungene Witze

Das arme Schwein legt sich zur Ruhe
in des Bauern Tiefkühltruhe.

Der Großpapa wird achtzig

1. Der Groß-pa-pa wird acht-zig, die Fei - e - rei bricht aus. Po - li - tiker, Pfar-rer, Zei-tung, voll Leit is's gan-ze Haus. "Ist es nicht arg," frougt oi-ner, "daß Sie schon so alt sind?" "Ach wo", moint draaf der O - pa, "waar e 's niat, waar e schon hin." 1.-5. Des gi(b)ts ja niat! Ja des gi(b)ts scho! Ja gi(b)ts denn sua wås aa? Ja sua wås gi(b)ts.

2. Zwöi Maanner san im Wirtshaus scho länger beianand.
   Die Garderob' håt oiner in Aughan unverwandt.
   Der an(d)er frougt: „Wås glotzt denn aaf dein Mantel immerfurt?"
   „Blouß dass er mir niat wegkummt. Da dei is längst scho furt!"

   Des gi(b)ts ja niat! Ja, des gi(b)t's scho! …

3. A Fuchs, wou Tollwut g'ha(b)t håt, beißt an Jaager in sein Bein.
   Der Oarzt sagt: „Es wär Zeit jetzt, ein Testament zu schreib'n!"
   Der Jaager bleibt ganz rouhe, setzt se und schreibt ganz still.
   Doch schreibt er nix für d'Erbn, schreibt, wen er nu beißn wüll.

   Des gi(b)ts ja niat! Ja, des gi(b)t's scho!

4. Zum Zahnarzt sågt der Metzger: „Döi Spritzn bleibt heint weg!"
   Der Zahnarzt sagt: „Bist tapfer, håust 's Herz am rechtn Fleck."
   „Naa, naa," sagt då der Metzger, „ich red doch niat va mir!
   Der Zoah(n), der wird mei'n Wei zuagn. Döi wart draaß vor der Tür!"

   Des gi(b)ts ja niat! Ja, des gi(b)t's scho!

5. Der Hans håut sein Freind Seppl a Jouha[1] lang niat gseah.
   In der Stådt stäiht er vorn am Kaaslådn, der Hans rennt zu ihm her.
   Er klopft nan aaf saa Schulter, sagt: „Seppl, bist as du?"
   „Ach wo", sagt draaf der Seppl, „der Kaas, der stinkt a sua!"

   Des gi(b)ts ja niat! Ja, des gi(b)t's scho!

WE: 1 = Jahr
GP: Georg Gleißner, Güttern / Fuchsmühl (Tirschenreuth)
AZ / TR: HK (1992)

in: Kreger: Tirschenreuther Liedermappe 5 (2000), S. 2
Sog. gesungene Witze.

Ja, i bin hålt der Simburger Bauer

ruhiges Walzertempo ♩ = 162

1. Ja, i bin hålt der Sim-bur-ger Bau-er, (er), i woaß we - der aus, we - der ei, ja gråd bei die jet - zin - ga Zei - tn konn der Tei - fl koa Bau - er mehr sei! Ja gråd bei die jet - zin - ga Zei - tn då muaß ma si plågn auf der Lei - tn! Ja, då mächt eahm vo - geh die Ge - duld, kimmt ma(r) ål - la - weil bes - ser in d'Schuld!

GIGL, GEIGL, NO A SEIDL

2. Mei Haisl steht drobn auf der Leitn, i bin koa Stund sicher dabei.
   Der Sturmwind, der kaant mir's eireißn, denn Sprüng håt's ja aa scho zwoa, drei.
   Mei Firstbaum is aafg'hängt mit Strickn, beim Ofn taats aa Nout zum Flickn,
   |: und 's Dåch brauchat aa(r)an Reprat[1]; denn eirenga – renga tout's, dass ålls patscht! :|

3. Fünf Köiherl[2] håb i aa im Ståll drinnat, a jede siehgt no schlechter aus.
   Ja, i moan hålt, mir kaants å(b)brenna, i trau ma's net z'haltn in mein' Haus.
   An Stier håb i aa(r)an ganz någern, für d'Roß håm ma aa går koan Håbern.
   |: Kaum fahr i a klafterlangs Trumm, daweil fallt ma der Schinagl[3] um! :|

4. Mei Knecht is a liaderlichs Maanndl, waar ma scho glei löiber, i häitt koan,
   vodea(n)t si die ganz Wochn koan Taler, mit lauter sei Zeit ummaloahn.
   Des is hålt a stinkfaules Maanndl, mit'n Nafazn[4] håt er sein Handl.
   |: En der Fruah steht er auf, ranzt se aus, dann geht der faul Kerl aus mein Haus. :|

5. Mei Dirn is a liaderlichs Luader, går nix als der Schatz geht ihr å(b),
   vodeahnt si de ganz Wocha koan Pfennig, aaf Löimessn[5] waar's denner[6] då.
   Mächt allaweil hupfa und tanzn, in Roigartn[7] ummanander schwanzn,
   |: ja, de Buama verführts mir so guat, dass koaner mehr selig wer(d)n tuat. :|

WE: 1 = Reparatur, 2 = Kühlein, 3 = armseliges Pferd, 4 = Schlaf, 5 = Lichtmeß, Termin im
     Bauernkalender für Gesindewechsel, 6 = dennoch, 7 = Heimgärten
GP: Georg Pangerl, Stocksgrub / Rettenbach (Cham)
AZ: WM (1983), TR: Franz Schötz

in: Lehrgangsheft 6. OPf. Herbsttreffen Kastell Windsor (1991), S. 6

Nach der letzten Strophe:

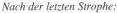

Is oiß zwen-ga dem tschu-li wu-li wu-li, tschu-li wu-li wu-li,
tri-a-ha ha-ha-ha ho, hol - dio. ho, hol - dio.

arbeit macht nicht reich aber buckelig

In der Stadt, die feinen Herrn
(Der Bubikopf)

1. In der Stadt, die fei-nen Herrn, die re - den gar so gern vom ver-flix-ten Bu - bi-kopf, der is ja heut mo - dern. Auf dem Land, die Bau-ers-leut, die has-sen ganz und gar! Wenn då oa - ne aus-sa-kimmt, na gehts ihr nim-mer z'raar, wenn då oa - ne aus-sa-kimmt, na gehts ihr nim-mer z'raar!

2. Auf dem Land, då siehgt mas gern ja mit de langa Hoar,
   in der Stadt, da schnei(d)n's die Hoar ja zwengs der Mode å(b)
   und reibn ihrn Bubikopf mit Petroleum ei,
   |: dass der Bubikopf sauber bleibt und von den Läusn rei(n). :|

3. Auf dem Land, då siehgt mas gern ja mit de langa Hoar.
   In der Stadt, der Bubikopf, der kimmt ja häufig vor.
   Hint und vorn an Bubikopf, ja, konns denn so wås gebn?
   |: Wenn oaner a sechas Maderl liabt, dem sollt ma glei vogebn¹! :|

4. Auf dem Land, då siehgt mas gern ja mit de langa Hoar.
   In der Stadt, der Bubikopf, der kimmt ja häufig vor.
   Hint und vorn an Bubikopf, alles is vobrannt.
   |: s'Gnack rasiert und d'Flügl gstutzt, und alles is vobrannt. :|

5. Unser Katz håt Junge gha(b)t, a siebn, a acht, a nein,
   die letza håt an Bubikopf, die schiabn ma ihr wieder ei.
   Unser Katz håt Junge ghat, a siebn, a acht, a nein,
   |: die letza håt an Schnittlingkopf, de schiabn ma ihr wieder ei. :|

WE: 1 = vergeben, vergiften
GP: Kapelle Oskar Sattler, Wiesenfelden (Straubing),
AZ: WM (1985), TR: Franz Schötz

Textvariante:

1. Die ganze Welt is überg'schnappt, is direkt narrisch word'n,
   wenn oane no an Anstand håt, jetzt håts'n aa verlorn.
   Wås heitzutågs für a Mode gibt, des is a wahrer Graus:
   |: A jede trågt an Bubikopf, då is's ja dennerst aus. :|

2. Am allerüberspanntesten san allermål d'Weiberleit,
   wenn de hålt wås Verrucktes sehng, då san sie glei dabei.
   Im Kochen und im Haushaltführn, då kennt se koane aus,
   |: åber a jede trågt an Bubikopf, då is's ja dennerst aus :|

3. Mei Ålte de is g'wiß blitzdumm, des oane aa versteht's,
   und is sie aa(r) a dalkerts Trumm, doch mit der Mode geht's.
   Neulich is's in d'Stådt nei'gfahrn, und wia sie kommt nach Haus,
   |: håt's Luader aa(r)an Bubikopf, då is's ja dennerst aus :|

4. I håb dahoam an ålte Goaß, de gar zu nix mehr taugt,
   und wia'res neulich g'sehng håb, då håt mir völlig graust.
   I will sie gråd zum Schinder führn, ziag's aus dem Goaßståll raus,
   |: daweil håt des Luader an Bubikopf, då is's ja dennerst aus! :|

GP: Franz Vogl, Stachesried / Eschlkam (Cham)
AZ / TR: AE (1985)

in: Lehrgangsheft 6. OPf. Herbsttreffen Kastell Windsor (1991), S. 15

Auf der Elektrischen

(Hålt er's aus)

langsam

1. Auf der E - lek - tri - schen steht ein Mann, an den Stan-gen hält er sich an. Die Stan-gen, die sind nicht i - so - liert, und der Mann wird gleich ü - ber - führt. Und wenn koa Schutz-vor - rich-tung wär, müa-ßat heit no a Git-ter her.

Refrain Hålt er's aus, so is's guat für ihn, hålt er's net aus, so geht er hin. Hålt er's aus, so is's guat für ihn, hålt er's net aus, so geht er hin, der ar-me Hund.

2. Und in Schierling de Polizei, bei jedem Schmarrn san de glei dabei.
   Und besonders die Wache drunt, wann de an Rauschigen verhaften kunnt.
   Der arme Kerl kann sich nicht wehrn, die Polizei zeigt den starken Herrn.
   Hålt er's aus …

3. Und im Rengschburger Krankenhaus, da gehn die Kranken ja ein und aus.
   Die Ärzte, die sind populär, deswegn kommen so viele her.
   Leicht und schwer krank, das ist egal, operiert wird auf jeden Fall.
   Hålt er's aus …

4. Nach dem Kochbuch da kocht die Frau, sie mischt die Menge ja ganz genau.
   Denn es soll ein Guglhupf wer(d)n, und sie stellt ihn drei Stund in d Röhrn.
   Drei Stunden ist der Guglhupf drin, dann läuft sie noch zur Nachbarin hin.
   Hålt er's aus …

GP: Sepp Pfab, Mangolding / Mintraching (Regensburg)
AZ / TR: AE (1998)

Die Frauen sind ein holdes Übel,
ein süßes, manchmal schweres Joch.
Da denk ich gleich an eine Zwiebel:
Man weint dabei und frißt sie doch.

Geld von Silber und von Gold

(Ja, zwengs an Geld)

1. Geld von Sil-ber und von Gold hat man-ches Un-heil g'stift,
so daß ma's gråd ver-wün-schen könnt, ja wo ma's nur an-
trifft. Krieg håm's g'führt und håm se g'schlågn bis auf des
Her-zens-bluat, und wenn's wie-der bei-an-an-der san, dann
san's hålt wie-der guat. Ja, zwengs an Geld, Geld, Geld, ja,
du re-gierst die Welt. Wo du auch bist, is d'Lum-pe-
rei wohl auf der gan-zen Welt, wo du auch
bist, ist d'Lum-pe - rei wohl auf der gan-zen Welt.

2. Gäiht amål a oarmer Bou aaf d' Heirat aus und håt koi Geld, koi Haus,
   der mågh so schöi sa(n), wöi er wüll, er bringt hålt koine dra(n).
   Kummt a reicher Schlack daher und håut 'n Geldsook dra(n),
   dann renna alle Moi(d)la zamm und schrein: „Des wird mei Ma(nn)!"

   Ja, zwengs an Geld …

3. Gäiht amal an oarmer Ma(nn) zum Doktor um an Råt,
   den schneizt[1] er glei vor der Haustür ab, ja weil er koi Geld niat håt.
   Kummt a Reicher dann daher, dem druckt er gleich die Hand
   und draußen vor der Haustür dann macht er sein Kubliment[2].

   Ja, zwengs an Geld …

4. Tragt ma amål an oarma Ma(nn) zum Friedhof naus, då rührt si går koi Hund,
   entweder is sei Freindschaft g'storbn, oder er war hålt niat gsund.
   Tragt ma an Reichn dann hinaus, då schaut's, wie alles rennt,
   und draußen vor der Friedhofstür steht a ganzes Regiment.

   Ja, zwengs an Geld …

5. Gäihst zum Heidn oder gäihst zum Christn,
   und alle stimmas bei.
   Ja, wo koi Geld, koi Geld niat is,
   is de pure Lumperei. (Fragment)

WE: 1 = fertigt ab, 2 = Kompliment
GP: Oberstimme: Adolf Süß, vulgo Schunkn Adolf, Leuchtenberg (Neustadt a. d. Waldnaab),
    Unterstimme: Georg Reil, vulgo Pauschnhof Girgl, Lückenrieth / Leuchtenberg
    (Neustadt a. d. Waldnaab)
AZ / TR: AE (2011)
Rhythmisch ziemlich frei zu singen.

O, wie schön bist du, Marie

– Tanz und Spiel –

Ja, trågt denn des Rauchfangkihrn

Ja, trågt denn des Rauch-fang-kihrn goar so viel Geld,

goar so viel Geld, goar so viel Geld, då nimm i mei

Be-serl und kihr die gan-ze Welt, und kihr die gan-ze

Welt bei der Nacht. Nur a oan-zigs mål al-loa, möcht

i bei mein schöin Dean-derl sein, im Bett-staa-dl

o-der am Roa, a oan-zigs mål al-loa.

in: Liederbuch Neuern-Eisensein, o.S.

Neuer Text unterlegt unter „Jetz fallt ma scho wieder mei Hausschlüsserl ei", nach dem
bekannten Lanner-Walzer.

Ma Moidl håut a Katz

Walzertempo

1. Ma Moi-dl håut a Katz, und des is hålt mei Lebn,
und der ver - flix - te Fratz will mas niat gebn.
Ja, ja, sie will mas niat gebn, ih - ra Katz.
Ja, ja, sie will mas niat gebn.

2. Moiderl, ich bitt di schöi, schlåg mas niat å(b),
   boarg[1] ma daa Katzerl a weng, ich richt dirs å(b).
   Ja, ich richt dir's å(b), daa Katz, ja, ich richt dir's å(b).

3. Ich boarg da maa Katzerl niat, des såg a da glei,
   gäih near zur Nachbari, döi boargats glei.
   Ja, ja, döi boargt da's glei, saa Katz, ja, ja, döi boargt da's glei.

4. D' Nachbari ihra Katz, döi is fuchsfeierrout.
   Wenn i's dawischn tou, stich a(r)as glei tout.
   Ja, ja, stich a(r)as glei tout, ihra Katz, ja, ja, stich a(r)as glei tout.

WE: 1 = borgen, leihen
GP: Josef Gerstner, Neualbenreuth (Tirschenreuth)
AZ / TR: WM (1984)

in: Schötz / Wax: Singen im Tirschenreuther Land, S. 75

Der Fuchs, der håt an langa Schwoaf

1. Der Fuchs, der håt an lan - ga Schwoaf, an
2. Håst du de Sau scho grei - na g'heat, scho

lan - ga Schwoaf, an lan - ga Schwoaf. Der
grei - na g'heat, scho grei - na g'heat? Håst

Fuchs, der håt an lan - ga Schwoaf, an
du de Sau scho grei - na g'heat, scho

him - me - lan - ga Schwoaf!
grei - na, grei - na gheat?

GP: Georg Wendl (*1911), Lohberghütte / Lohberg (Cham)
AZ: WM (1991), IfV: Tb. 571r/68-86,
TR: Franz Schötz

in: Lehrgangsheft 18. Ndb. Herbsttreffen Lam (1991), S. 10
Weitere Vierzeiler bei „Håst du de Sau scho greina gseah?
in: Eichenseer / Karrer: Freinderl …, S. 76ff.

Håb e denkt

1. Håb e denkt, i håb an gan - zn Sieb -
ner,[1] der-weil håb i koin Kreu-zer[2] nim - mer.
Ban Moid-la im Bett, dou håb i's vo -
zett,[3] öi-tza håb i statt 'n Sieb-ner an Dreck.

2. Nu a weng, nu a weng
   zöich aaffe[4] dei Kiddal,
   nu a weng, nu a weng
   zöich aaffe dei Hem(d).
   I kånns niat dazöiha[5],
   du moußt ja draaf knöia[6].
   Nu a weng, nu a weng
   zöich aaffe dei Hem(d).

GP: Peppi Haberkorn, Konnersreuth (Tirschenreuth)
AZ / TR: AJE (1995)

3. Near a weng, near a weng
   kumm unter aafs Bankerl!
   Near a weng, near a weng
   heb aaffe daa Hem(d).

4. Near a weng, near a weng
   äihara[7] wennst as gsagt häi(tt)st,
   near a weng, near a weng
   häitt i oazuagn[8] maa Hem(d).

WE: 1 = Münze, 2 = kleine Münze, 3 = verlegt, 4 = ziehe hoch, 5 = hochziehen, 6 = knien,
    7 = eher, 8 = angezogen
in: Brosch: Der Liederschatz des Egerlandes, Nr. 368

Alla faß da, Gäns san im Håbern

Walzertempo

Al - la faß da, Gäns san im Hå - bern,

Hå - bern, laßt sie's no drin, g'hörn 'n

Schwå - gern, Schwå - gern. Al - la faß da,

Gäns san in Hå - bern, Hå - bern,

laßt sie's no drin, g'hör 'n Schwå-gern, Schwå-gern. Ja,

al - la faß da, huß da da da, huß da da

da, huß da da da! Ja,

al - la faß da huß da da da,

huß da da da, huß da da da.

GP: o.A.

in: Rudolf Schmaus: Gut Bayrisch! Nr. 12

Sechs sedda Boum

♩ = 120 *Mazurkatempo*

Sechs sed-da Boum, sechs sed-da Boum mou(ß) mei Vå-dern

håm, ja håm! Sechs sed-da Boum, sechs sed-da Boum

1. mou(ß) mei Vå-dern håm, ja håm! 2. mou(ß) mei Vå-dern håm!

Soll-tn ins Wirts-haus göih, soll-tn bei de Moi-la stöih!

Sechs sed-da Boum, sechs sed-da Boum mou(ß) mei Vå-dern

håm!

WE: 1 = solche
GP: o. A., Altwasser (Egerland)
AZ / TR: WM (1981)

in: Lehrgangsheft 1. Volksmusik-Lehrgang „Lied, Musik und Tanz in Altbayern",
Riedenburg (1983), S. 25

Bierbrauer san Spitzbuam

1. Bier-brau-er san Spitz-buam, brau-a schwoarz-brau-nes Bier. Tja, tja, tja! Des Bier, des sau-fn s' sel-ber und en Rausch kröign töin mia. Tja, tja, tja!

Refrain

Å-ber am Land, am Land, dou gibts a Lebn, a Lebn. Å-ber am Land, am Land, dou gibt's a Freid. Herrscht am Land ü-ber-åll, ü-ber-åll, ü-ber-åll, herrscht am Land ü-ber-åll Auf-rich-tig-keit.

2. Zwischn Nürnberg und Fürth
  håms de erst Eisenbahn baut.
  Tja, tja, tja.
  Und zwischn Rengschburg und Straubing
  håm ma d'Mentscher zammghaut.
  Tja, tja, tja.
  Åber am Land, am Land

GP: Oberstimme: Leonhard Utz, Schwend/Birgland
    (Amberg-Sulzbach)
    Unterstimme: Christian Knahn,
    Schwend/Birgland (Amberg-Sulzbach)
AZ/TR: WM (1981)

in: Register- und Beispielsammlung zu den
Forschungsexkursionen des IfV in die OPf. (1981),
S. 64; 2. Vers ergänzt

Siagst da's du net

GP: Bartholomäus Lobinger, vulgo Buberl Bath, Zeinried (Schwandorf)
AZ/TR: AE (2005)
Neubetextung zum Lied: „Henderl bibi"

O, wie schön, o wie schön
(Die schöne Marie)

O wie schön, o wie schön, o wie schön bist du, Ma-

rie, vom Kopf bis zu de Knie, wie schön bist du, Ma - rie.

Knie, ja bei der Nacht.___

GP: Hugo Lang (Harmonikaspieler),
  geb. in Kringing/Ringelai (Freiung-Grafenau)
AZ/TR: WM (1972)

|: Leckts mi links, leckts mi rechts,
leckts mi kreizweis am Arsch!
Des is halt der boarische
Feierwehrmarsch. :|

GP: Josef Oberneder (*1924), Weitwies/Lämmerdorf (Bay. Wald)
AZ/TR: WM (1974)

ursprünglich: Des is halt der Lämmerdorfer Feierwehrmarsch

|: Habts mi links, habts mi rechts,
habts mi kreizweis schee g'leckt.
Na wißts, wia(r)a boarisches
Arschloch guat schmeckt. :|

GP: Oberislinger Dorfmusik, Regensburg
AZ/TR: AE (1983)

D'Liab is a Gottesgab'

1. D'Liab is a Got-tes-gab, ganz oh - ne Zwei-fe,
   und wer koa Liab net hat, den holt der Tei - fe.

2. Warum soll i net liabn, soll koane kenna,
   soll i mei Liab begråbn, des waar des Scheena?

3. Schauts bloß den Gockl an drobn auf der Tenna!
   Is so a kloaner Ma(nn), håt fuchzehn Henna.

4. Wann so a kloa-ner Mo bei fuch-zehn Heh-ner ko(nn),
   und un - ser - oa - ner, der g'langt mit oa - ner.

der g'langt mit oa-na. Drah ma um und drah ma auf, es liegt nix
dro, weil ma s'Geld auf de - ra Welt net fres - sn
ko(nn). Schia-fe Ab-sätz und in je - dem Strumpf a

Loch, å-ber sau-fa, sau-fa, sau-fa tean ma doch.

Heit håb i wie-der ålls bei mir, Stie-fel-wichs und Goa-sl-schnür

und an Kar-me - li - ter-geist und a g'selchts Fleisch.

An-na-mi - rl wend di, An-na-mi - rl drah di,

An-na-mi-rl, wenn i di net hätt, An-na-mi-rl, wås taat i?

An-na-mi-rl, dei Schurz, dei Schurz, dei Schurz,

der håt a Fufz-gerl kost, iatz is er z'kurz. iatz is er z'kurz.

Zwegn de nei-na-neinzg, zwegn de ach-ta-neinzg, zwegn de sieb-ma,

sech-sa, fün-fa-, vie-ra-neinzg, zwegn de drei-a-neinzg, zwegn de

GIGL, GEIGL, NO A SEIDL

zwoa-ra-neinzg, zwegn de   oa-na-neinzg, zwegn de   neinzg.

Å-ber a   so, a   so waar's   recht,   an   an-dern sei

Ma-derl liabn, dees waar net schlecht.   dees waar net schlecht.

GP: o.A., für geplantes Obernzeller Liederbuch, S. 61
AZ/TR: Sepp Wimmer (o.J.)

in: Lehrgangsheft 17. Ndb. Herbsttreffen Raßreuth (1990), S. 10

Potpourri; Melodie im 1. Teil nach dem italienischen Volkslied „Santa Lucia", im Schlussteil nach „Auf und nieder"

O, WIE SCHÖN BIST DU, MARIE   93

Juli war so schön

(Juli-Polka)

Ju - li,   ha ha ha ha

ha ha ha ha   ha ha ha ha

1. Ju - li war so   schön, so   schön wie ei - ne   Wach-tel,

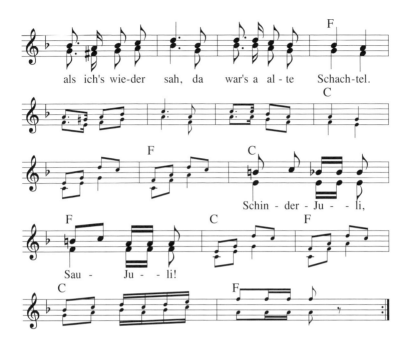

als ich's wie-der sah, da war's a al - te Schach-tel.

Schin - der - Ju - - li,

Sau - Ju - - li!

2. Juli kam zu mir, sie sagt, ich soll sie küssen.
   Ja, vor lauter Freid, da hat sie mich gebissen.
   Schinderjuli, Saujuli!

3. Komm ich zu ihr ins Haus, eilt sie auf mich zu.
   Der Atem geht mir aus, sie läßt mir keine Ruh.
   Schinderjuli, Saujuli!

(langsamer)

4. Juli starb vor Schmerz, einsam und verlassen,
   weil der schöne N.N. sie hat sitzenlassen.
   Schinderjuli, Saujuli!

GP: Kapelle Oskar Sattler, Wiesenfelden (Straubing)
AZ: Anette Fassl (1988)

in: Fassl: Geigt und gsunga, S. 28

Friederikerl, Friederikerl

1. Frie-de - ri - kerl, Frie-de - ri - kerl, geh, geh ma spa-
ziern! Å - ber naa, Kå - rl, å - ber naa, Kå - rl, du
kaanst mi ver - führn. Håb i dir's, håb i dir's,
håb i dir's ges-tern g'sagt, daß i di, daß i di,
daß i di nim-mer måg. di nim-mer måg.

2. Friederikerl, Friederikerl, kumm lou(ß) mi doch nei!
   Åber naa, Karl, åber naa, Karl, des derf net sei!
   Håb i dir, håb i dir, håb i dir z'letzt net g'sagt,
   daß i di, daß i di, daß i di gar net måg.
   |: Åber heit is as letzte Mal, daß es dir såg. :|

3. Friederikerl, Friederikerl, kumm mach' ma doch auf!
   Åber naa, Karl, åber naa, Karl, dou woart's d' umsunst drauf!
   Håb i dir, håb i dir, håb i dir z'letzt net g'sagt,
   daß i di, daß i di, daß i di gar net måg.
   |: Åber heit is's as letzte Mal, daß es dir såg. :|

4. Friederikerl, Friederikerl, geh, gib mir an Kuß!
   Åber naa, Karl, åber naa, Karl, du machst mir Verdruß!
   Håb i dir, håb i dir, håb i dir z'letzt net g'sagt,
   daß i di, daß i di, daß i di gar net måg.
   |: Åber heit is's as letzte Mal, daß es dir såg. :|

GIGL, GEIGL, NO A SEIDL

5. Friederikerl, Friederikerl, i schöiß mi glei tout!
   Åber naa, Karl, åber naa, Karl, um di is's net schåd!
   Håb i dir, håb i dir, håb i dir z'letzt net g'sagt,
   daß i di, daß i di, daß i di gar net måg.
   |: Åber heit is's as letzte Mal, daß es dir såg. :|

6. Friederikerl, Friederikerl, nou heirat i di !
   Åber ja, Karl, åber ja, Karl, nou måg i di !
   Håb i dir, håb i dir, håb i dir no net g'sagt,
   daß i di, daß i di, daß i di so gern måg.
   |: Åber heit is's as erste Mal, daß es dir såg. :|

GP: Ulrike und Jürgen Reisinger, Bernhardswald (Regensburg)
AZ / TR: AE (2006)

Is an alts Wei gstorbn

psalmodierend

Einer/Alle: Is an alts Wei gstorbn,

E/A: is in d'Höll oi - kum - ma,

E/A: is's wie - der aaf - fa - kum - ma.

E/A: Wa - rum___ denn?

E/A: Zweng's der Hitz.___

Ein Vorsänger singt jeweils eine Zeile vor, alle antworten, nach jedem Durchgang einen Ton
höher. Wer die Höhe nicht erreicht, zahlt eine Runde.
Gleichzeitig steigen die Gäste auf Stuhl, Tisch, Fensterbrett usw.
Wer die höchsten Töne erreicht hat, ist Sieger.

GP: Alfons Gollwitzer, Woppenrieth / Waldthurn (NEW)
AZ / TR: AJE (2010)

Und öiermål håm ma(r) an Dåtsch ghat

♩ = 96 *ruhig*

1. Und öi-er-mål[1] håm ma(r) an Dåtsch[2] ghat und öi-er-mål niat

aa und öi-er-mal is er gschmål-zn gwe(s)n und öi-er-mal niat

aa. Und Hä-dra-wä-tschn[3] hi-nei-dä-tschn,[4] und drei Zwetsch-gen

aa drei - dä - tschn, Hä - dra - wä - tschn hi - nei - dä - tschn,

di-tschn, da-tschn, Dåtsch! Hol-la - ri - a - ho, di - ri - a-ho, di -

ri - a - ho, hol - la - ri - a - ho, hol - la - ri - a - ho, di -

ri - a - ho, a - ho.

2. Und öiermål ham ma Broutkniadla[5] ghat
   und öiermål niat aa,
   und öiermål sans zbröcklt gwe(s)n
   und öiermål niat aa.
   Und Hädrawätschn …

3. Und öiermål ham ma Spåtzn[6] ghat
   und öiermål niat aa,
   Und öiermål sans gsottn gwe(s)n
   und öiermål niat aa.
   Und Hädrawätschn …

WE: 1= manchmal, 2 = Kartoffelpuffer, 3 = Heidelbeeren
    4 = hineindrücken, 5 = Semmelknödel,
    6 = Kartoffelknödel
GP: o.A., Waldmünchen (Cham)
AZ: Fritz Herrgott (ca. 1950)

in: Herrgott: Grüaß enk alle mitanand, S. 16 und
in Lehrgangsheft 5. OPf. Herbsttreffen Pleystein (1990), S. 4

Auch als Kirchweihlied in Vollmau (Böhmerwald) bei Furth im Wald (Cham) überliefert

Der Knuawlat und der Moacheroa
san gsund und toun gout wirzn.
Der zweit' duft oan der Wurscht gout droa,
der äierschte oan Pfiazn.

Michl, Michl, laß den Goaßbock aus

1. Mi-chl-Mi-chl, laß den Goaß-bock aus, Mi-chl-Mi-chl, schau, de Goaß is draußt. Mi-chl-Mi-chl, hearst net, wia sie schreit, Mi-chl, Mi-chl, is scho höch-ste Zeit. höch-ste Zeit.

2. Didl didl dum, des Bett is brocha, didl didl dum, wer håt's denn to?
   Didl didl dum, wer wird's denn macha? Didl didl dum, der Zimmermo.

3. Didl didl dum, beim Sonnenschein, didil didl dum, am Wendelstein,
   dididl dum san s' auffizogn, didl didl dum, san s' åberg'flogn.

4. Didl didl dum, i håb an Floh, didil didl dum, i woaß net, wo.
   Didil didl dum, då is er ja, didl didl dum, jetz murks i'n å(b).

GP: Gerhard Groß, Cham (Cham)
AZ/TR: Gerhard Groß
Weit verbreitet in der Oberpfalz. S.a. Kreger: Tirschenreuther Liedermappe 3, S. 16

GIGL, GEIGL, NO A SEIDL

I håb scho wieder Schädlweh

I håb scho wie-der Schä-dl-weh, Schä-dl-weh,
I håb scho wie-der Schä-dl-weh, Schä-dl-weh,

Schä - dl - weh, i håb scho wie - der
Schä - dl - weh, i håb scho wie - der

Schä - dl - weh, Schä - dl - weh, au - weh.
Schä - dl - weh, Schä - dl - weh is schee.

GP: Rudi Pietsch, Wien (Österreich)
AZ / TR: AE (1994)

In Bayern und Österreich weit verbreitet

Textvariante:

Wou is denn der Girgl?
Der Girgl is fei niat dahoam,
der is aaf der Kirwa,
frißt de ganzn Bråutwirscht zamm.

und andere Vierzeiler

s. I bin der Bou vo Klausen

in: Eichenseer / Karrer, S. 173

Schwitzt der Musiker am Schädel,
ist er selber schuld, der Blädel.

Ja, Dunnerwetter, Margaret

♩ = 132

Ja, Dun-ner-wet-ter, Mar-ga-ret, is des a flot-ter
Dre-her, is des a flot-ter Dre-her, is des a flot-ter
Dre-her. Ja, Dun-ner-wet-ter, Mar-ga-ret, is des a flot-ter
Dre-her, is des a flot-ter Dre-her bei der Nacht!

GP: Reinhold Busch (*1956), Tressau / Kirchenpingarten (Bayreuth)
AZ: WM, Evi Heigl, Thomas Höhenleitner (1992), TR: Evi Heigl
in: Lehrgangsheft 7. OPf. Herbsttreffen Immenreuth (1992), S. 7

Weitere Vierzeiler:

Ei, du mei liabe Lisaweth, wöi bist du bei der Noaht[1] su nett,
und wenn i di beim Tågh a(n)schau, nou bist an alte Frau.

Ei, du mei liabe Lisaweth, wöi oft håb i dei Wieserl g'mäht,
håb 's Hei und Grammet[2] gout hoimbracht und alles bei der Nacht.

Und wer an stoinern Acker håut, der håut an eisern Pflough, ja Pflough,
und wer schou fuchzeah Kin(d)er håut, der håut schou g'ackert g'nough.

An alter Jaager sagt zu mir, mia alle san's va Wean, va Wean,
dou wou's su dicke Wadeln håm, gäih her und louß mas sehng.

Wås mouß i da denn ge(b)n dafür, bis daß i siach, wöis d' brunst, wöis d' brunst?
Am Oarsch leckst mi, sagt's Moidl draaf, nou sieghst as umasunst.

Schneid's d'Weihern å(b), schneid's d'Weihern å(b) und lou(ß)ts a Stutzerl stöih, ja stöih,
i håb schon wieder an neia Schåtz, in alt'n lou(ß) i göih.

Rowinsala, Rowinsala san Summer wöi im Winter gröi(n),
und wenn die Moi(d)la Kin(d)er kröing, nou san's halt nemmer schöi.

Kug'l oi va der Benk und rumpel niat, schlouf bei der Moad und tou a ras niat,
und fass ras a(n) ihr G'fälligkeit, nou wird's schou wieder g'scheit.

Du bist ja goar koi Bürscherl niat, du kummst de ganze Woch'n niat,
du kummst blouß samstågs her und mechst wöi jeder Bauersknecht.

Aaf un(s)er Kirwa frei e me, dou tanz e mit der Baiere,
döi håut a z'riss'ns Hemmad a(n), dou heng me hint'n dra(n).

Zum Dria-ria ruck mas her, zum Dria-ria ruck mas her,
zum Dria-ria ruck mas her, gäih ruck mas her döi Scher.

Und un(s)er Moad, döi unsere, döi håut a grouße Brunsere,
dou genga fuchzeah(n) Sei(d)la nei, des mou(ß) halt oine sei.

Im Winter is koi Kirwa[3] niat, im Summer koi Neijoahr,
döi Katz'n rammeln zeitenweis, döi Weiber 's ganze Joahr.

Schöi Weiberla, schöi Kin(d)erla, öitz gäht's near wieder ham.
Aaf's Joahr, wenn wieder Kirwa is, nou kumma wieder z'samm.

WE: 1 = Nacht, 2 = Sommerheu, 3 = Kirchweih

in: Pfann: Moidl van Staabruch, S. 24f.

Eins, zwei, drei, vier, fünf, sechs, sieben

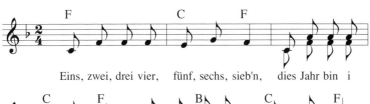

Eins, zwei, drei vier,   fünf, sechs, sieb'n,   dies Jahr bin i

sit - zen blieb'n!   Håb z'vül Mu - si   g'macht und g'spült,

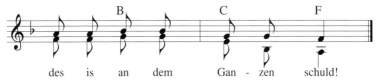

des   is   an   dem   Gan - zen   schuld!

AZ/TR: WM (2002)
Neue Verse zum Tanz „Siebenschritt" für die Bognhauser Blåsn zum Spaß geschrieben
anläßlich des Jugend-Volksmusiktages „Muse megn" am 22.9.2002 in München

in: Hs. Liederheft Gesa Folkerts, Nr. 7 (2005), S. 28f.

Wou håust denn du döi Kistn her

Schottisch-Tempo

Wou håust denn du döi Ki - st'n her, döi is doch vüll zu grouß. Döi sitzt ja niat, döi paßt ja niat, döi gäiht da ü - bern

Schouß. Wou håust denn du döi Ki-st'n her, döi is doch vüll zu

grouß. Döi sitzt ja niat, döi paßt ja niat, döi gäiht da ü-bern

Schouß. Wou Schouß, ü - bern Schouß.

in: Notenblatt des Markus Stauber, Sulzbach-Rosenberg (Amberg-Sulzbach)

Was hab ich bei ihr gefunden

Schottisch-Tempo

Was hab ich bei ihr ge-fun-den, wöi ich zu ihr kum-ma bin!

's Bett-staadl woar mit Strick-lan bun-dn und a zriss-ner

Strouh-såck drin. Ålls voll Fläich[1] und ålls voll Wan-zn,

niat a-måål an Tisch im gan-zn und an Ses-sel oh-ne Loihn,[2]

sapp-ra-ment, des waar ma(r) oins, und an Ses-sel

oh-ne Loihn, sapp-ra-ment, dös waar ma(r) oins!

Schön sind die Mäd-chen aus Prag, wie aus

Mar-zi-pan ge-macht, schön sind sie bei

GIGL, GEIGL, NO A SEIDL

Tag und Nacht, a-ber dop-pelt so schön bei der Nacht.

Shim-my ist Mo-de, Shim-my ist mo - dern, da

tan-zen am A-bend die Da-men und die Herrn, der

Va-ter im Wirts-haus, die Mut-ter im Bett, und

d'Kin-der im Kuhln-kastn, die fres-sn aa Bri - kett. Ja,

D.S. al Fine

WE: 1 = Flöhe, 2 = Lehne

GP: Gebrüder Dill, Bärnau / Tirschenreuth (Tirschenreuth)

AZ: Ingrid Leser (1983/85)

in: Schötz / Wax: Singen im Tirschenreuther Land, S. 314f.

Eingesungener Teil nach Art böhmischer Polkas

O, WIE SCHÖN BIST DU, MARIE

Hauch de, kraaht der Gockl stolz

1."Hauch de!" kraaht der Go - ckl   stolz   vor sei - ner

Heh - ner   und blu-stert   d'Fe - dern   und blaaht se

aaf.   "Sua håust ge-stern   aa scho   kraaht   und z'löi woarst

den - na.   Aaf sua(r) an   Go - ckl,   dou scheiß e

draaf!   Gäiht am Mist - haa - fn naaf   und scheißt a

Zep-perl draaf.   "Hauch de!" kraaht der Go-ckl   stolz   vor sei-ner

Heh - ner,   und blu-stert   d'Fe - dern   und blaaht se

aaf.   Gäiht am Mist - haa - fn naaf   und scheißt a

Zep - perl draaf. Gäiht am Mist - haa - fn naaf

und scheißt ua(b)n draaf.

2. Instrumental

3. Baiere håut des dafoahrn und gfreit se denna,
   håut nix in der Pfanna, der Bauer waart draaf.
   „Wennst, du Louder, niat bröi(t)n wüllst, du gfreckter Hehner,
   wird er da kumma! Dou paass near aaf!
   |: Loußt du koin Gockl draaf, schnei(d) ma da aaf dein Baach[4]. :|
   Baiere håut des dafoahrn und gfreit se denna,
   håut nix in der Pfanna, der Bauer waart draaf.
   „Wennst, du Louder, niat bröi(t)n wüllst, du gfreckter Hehner,
   wird er da kumma! Dou paass near aaf!
   Loußt du koin Gockl draaf, schnei(d) ma'n Baach aaf.

4. Instrumental

WE: 1 = schleich dich, verschwinde, 2 = schwach, erschöpft, matt, kränklich,
    3 = Batzerl, Häufchen, 4 = Bauch
GP: Karl Kraus, Königshütte / Fuchsmühl (Tirschenreuth), Xaver Kunz,
    Fuchsmühl (Tirschenreuth)
AZ: HK (ca. 1979–1981), TR: AE

Ein sog. Ei'gsungana, neue Textunterlegung unter den Zwiefachen (Bairischen) „Draußn vor
der Wirtshaustür" in Eichenseer / Mayer: Volkslieder aus der Oberpfalz, S. 188f.

Lieber im Wald bei einer wilden Sau
als zu Haus bei einer bösen Frau.

Du håst an Ganskrågn

Du håst an Gans-krågn und du an Sau-mågn

und du um fünf-a-sie-bazg Pfen-ning Back-stoa - kaas im Mågn.

Du håst an Gans-krågn und du an Sau-mågn

und du um fünf-a - sie-bazg Pfen-ning Kaas im Mågn.

Gans - krågn, Sau - mågn derf ma nim-mer sågn,

derf ma nim-mer sågn, derf ma nim-mer sågn.

Gans - krågn, Sau - mågn derf ma nim-mer sågn,

derf ma nim-mer, derf ma nim-mer, derf ma nim-mer sågn.

GP: Josef und Marita Lobenhofer, Schwarzenfeld (Schwandorf)
AZ / TR: AE (2011)

GIGL, GEIGL, NO A SEIDL

Der Bauer gäiht in Ga(r)tn

1. Der Bau-er gäiht in Ga(r)-tn und scheißt. Er wischt sein

Oarsch mit Bren-nes-sel, des beißt. Weil er des Kraut niat

kennt, håut er sein Oarsch ver - brennt, des brennt, des beißt.

2. Nou gäiht er ei zur Bairin in d'Stu(b)n.
   „Gäih, gib ma vo der Fettn a Trumm.
   Schmier ma's aafs Lei(n)touch draaf,
   bapp ma's aaf's Oarschloch draaf
   schöi rund des Pfund."

3. Nou foahrt er ei zum Doktor in d'Stådt.
   Der Doktor schaut des Oarschloch a(n) und sågt:
   „Nou schreib a da a Pflaster aaf,
   dös pappst da aafs Oarschloch draaf
   schöi rund, schöi rund."

GP: 1.–2. Strophe: Sepp Fraunholz, Sulzbach-Rosenberg (Amberg-Sulzbach),
    3. Strophe: Achim Grötsch, Sulzbach-Rosenberg (Amberg-Sulzbach)
AZ/TR: Markus Stauber (ca. 1995)
Auf der Sulzbacher Woizkirwa in den 90er Jahren gehört, ähnlich in Brosch: Der Liederschatz
des Egerlandes, Nr. 662

Kameradschaft, die ist lustig

1. Kameradschaft, die ist lustig, so a Feier, die ist schön.
Denn da kann man was erleben, ja, da kann man etwas sehn.
I: Hollari, hollaro hollaria riaria, holla riaria ho :I

2. Daß uns gleich beim ersten Verse auch der rechte Rhythmus packt,
schlagen wir jetzt mit der Rechten in die Luft ganz schön den Takt.
I: Hollari, hollaro ... :I

3. Um den Takt auch gut zu hören, schlagen munter wir und frisch
mit zur Faust geballten Rechten alle kräftig auf den Tisch.
I: Hollari, hollaro ... :I

4. Weil der Krach euch hat gefallen, macht das selbe noch einmal,
außerdem stampft mit den Füßen alle kräftig auf im Saal.
I: Hollari, hollaro ... :I

5. Mit Abwechslung auf und nieder, und das dachte ich mir so:
Bei dem „Hol-" die Großen aufstehn, alle Kleinen bei dem „-ro¹".
I: Hollari, hollaro ... :I

6. Nun nimmt jeder einen Schlüssel oder sonst auch irgend was,
und dann klopfen wir im Takte alle fröhlich an das Glas.
I: Hollari, hollaro ... :I

7 Alle Stühle jetzt beiseite! O, das muss viel schneller gehn!
Und dann Knie beugen – strecken! Das ist prächtig anzusehn.
I: Hollari, hollaro ... :I

8. Jetzt stehn alle schön gerade, jeder fasst den Nachbarn an,
eingehenkelt wie zum Schunkeln, wie der Seemann in dem Kahn.
I: Hollari, hollaro ... :I

9. Nun in diesem Tempo weiter, bis dann wackelt selbst die Wand.
Setzt die Arme in Bewegung und klatscht kräftig in die Hand.
I: Hollari, hollaro ... :I

10. Ach, das war ja viel zu ruhig, viel mehr Spaß macht uns der Krach.
Drum zum Schlusse nun ein jeder vom Bisherigen was macht.
I: Hollari, hollaro ... :I

GP: Alfred Kinskofer, Lappersdorf (Regensburg)
AZ / TR: AE (2012)
Nach der Melodie: „Eine Seefahrt die ist lustig"
Anmerkung: 1 = Bei der 5. Strophe stehen die Großen beim ersten Hollari auf, die Kleinen beim letzten Hollaro. Beim Refrain singen alle mit und begleiten sich mit der entsprechenden Bewegung.

Und so schlugen wir nach altem Brauch

Und so schlu-gen wir nach al - tem Brauch un - serm Geg-ner mit dem Ham-mer auf den Bauch. Lu-stig, lu-stig, tra-la-la-la-la, heit war der F C T mit'm Ham-mer wie-der da, heit war der F C T mit'm Ham-mer wie-der da.

GP: Basketballspieler des Fußballclubs Tegernheim (Regensburg), Abtlg. Herren 2
AZ/TR: AE (2011)
Originalmelodie „Lasst uns froh und munter sein" (Nikolaus-Lied)
Die Parodie wurde gerne nach einem Sieg unter der Dusche gesungen.

So a Gauner håt a Lebn

– Geselligkeit, Spott, Verrücktes –

So a Gauner håt a Lebn

1. So a Gau-ner håt a Lebn, ko nix Schö-ne-res mehr gebn. Ißt und trinkt ois, wås er måg, geht spa-ziern den gan-zen Tåg. Tuat zum Bet-teln und zum Stehln sich die fein-sten Sa-chen wähln. Greift im Geld-schrank nia da - nebn, so a Gau-ner håt a Lebn.

2. Er geht im Summer naus aufs Land
   oft zum Gripsn[1] umanand.
   Nimmt sich mit, wås eahm gråd gfreit,
   arbat nix de ganze Zeit.
   Sauft im Wirtshaus sich gråd gnua,
   dann begibt er sich zur Ruah.
   |: Er tuat sich in den Straßgråbn legn,
   so a Gauner håt a Leben. :|

GIGL, GEIGL, NO A SEIDL

3. Wird er dann einmal ertappt,
   von der Polizei erschnappt,
   tuat er sich glei bsuffa stelln,
   als könnt er net bis fünfe zähln.
   Will man ihn dann arretiern[2],
   muß man ihn per Droschke führn.
   |: Er laßt sich in' Wågn neihebn,
   so a Gauner håt a Leben. :|

4. Wenn eahm s'Lebn dann nimmer gfreit
   und eahm zwider wer(d)n de Leit,
   ist ein Selbstmord ihm zu dumm,
   bringt er einfach andre um.
   Wird verurteilt dann zum Tod,
   hat ein Ende alle Not.
   |: Er braucht bloß sein' Kopf hi(n)hebn,
   so a Gauner håt a Leben :|

WE: 1 = Stehlen, 2 = einsperren
Von dem Münchner Volkssänger Otto Renkl, ca. 1910

in: Seefelder: Das Eberwein-Liederbuch, S. 117f.

Wer nicht gern arbeitet, soll wenigstens viel trinken.

Ja, Wiggerl, wann geh ma denn wieder

1. Ja, Wig-gerl, wann geh ma denn wie-der___ zum
Hop-fa-zup-fer in d'Hol-le-dau?___ Und
laß' ma uns recht g'schma-ckig nie-der___ bei dem
Lan-dl zwi-schen Moa(n)-burg und Au.___ Au.___

2. Ja, Simmerl, wennsd moanst, nacha geh ma; es wird ja der Metzn[1] guat zåhlt.
   I: Und tua dir a Deckn mitnehma, aafm Heibodn drobn is's oft saukålt. :I

3. Und d'Hauptsach dearfst ja net vagessn, de vierreihige Zuchharmonie.
   I: De brauch ma(r) auf d'Nacht nach'm Essn und d'Schnåderhüpfl sing nachad i. :I

4. De Bairin, de wird wieder jammern und bei der Nacht d'Deandln eisperrn,
   I: weils Angst håt, dass ma drüber kaamatn, åber so wås tean mia net probiern. :I

5. Ja, Wiggerl, wennsd moanst, nacha geh ma zum Hopfazupfa in d'Holledau
   I: und lasst ma uns gern wieder nieder bei dem Landl zwisch'n Moa(n)burg und Au. :I

WE: 1 = Raummaß beim Hopfenzupfen
GP: Resi Fuchs, Witzenzell / Falkenstein (Cham)
AZ / TR: AE (2011)
Variante der Hopfenzupfer zu dem bekannten Lied: „Ja Sepperl, wann geh ma denn wieder
amal eine ins Landl Tirol"

in: Schmidkunz: Das leibhaftige Liederbuch, S. 388f.

In der Nacht um halba zehne
(Der Hinterdupfer Bene)

1. In der Nacht um hal - ba zeh - ne
schleicht der Hin - ter - dup - fer Be - ne
zu dem Fens - ter sei - ner Staa - - - - si und der
Mond scheint bloach und kaa - si.

2. Und dann holt er eine Loater, wie man's kaum dertrågt zu zwoater,
    |: loahnt sie an die Mauer oni, gråd als waar's a Makaroni. :|

3. Wie er auf die Loater kraxelt, kimmt des Nachbars Hiasl g'haxlt
    |: und er schmeißt die Loater um, und der Bene fallt in d'Odelgruabn. :|

4. Er versucht mit aller Mühe rauszuschwimmen aus der Brühe;
    |: doch es ist ihm nicht geglückt, ein Kuhfladen hat ihn erstickt! :|

5. Und die Moral von der Geschicht: Geh zum Kammerfensterln nicht,
    |: sonst ergeht's dir wie dem Bene, und du fallst in d'Odelgruab'n ene. :|

GP: Blaskapelle Viehhausen / Sinzing (Regensburg)
AZ / TR: AE (1990)
Melodie von Frédéric Chopin

Eine Seefahrt, die ist lustig

1. Ei-ne See-fahrt, die ist lus-tig, ei-ne See-fahrt, die ist schön. Ja, da kann man Schif-fers - wei-ber auch im Ba-de-an-zug sehn. Ho-la-hi, _____ ho-la-ho, _____ ho-la-hi-a-hi-a, ho, ho-la-hi-a-hi-a-ho. Ho-la-hi, _____ ho-la-ho, _____ ho-la-hi-a-hi-a, hi-a-ho-la-ho. _____

2. Und der Kocher in der Küche, diese vollgefressne Sau,
   einmal spuckt er ins Gemüse, einmal speit er in' Kakau.
   Hollarie …

3. Ist das Mädchen siebzehn Jahre, kriegt sie eine große Brust,
   an der Muschi krause Haare und zum Boussn große Lust.
   Hollarie …

4. Meine Oma, die ist achtzig, doch sie hat nur einen Zahn.
   Und die freut sich ihres Lebens, weil sie Nüsse knacken kann.
   Hollarie …

5. Meine Tante fährt Motorrad, ohne Hupe, ohne Licht.
   Und der Schutzmann in der Ecke sieht die alte Schachtel nicht.
   Hollarie …

6. In der Heimat angekommen, fängt ein neues Leben an.
   Eine Frau wird sich genommen, Kinder bringt der Weihnachtsmann.
   Hollarie …

7. Und ich hau dich in die Fresse, daß du auf die Straße fällst,
   und de heil'gen zwölf Apostel für 'ne Räuberbande hältst.
   Hollarie …

8. Und ich hau dich auf die Schnauze, daß du auf die Wampe fällst
   und die kleine Stubenfliege für 'nen Doppeldecker hältst.
   Hollarie …

GP: Jakob Weinmann, vulgo Jumo, Kneiting / Pettendorf (Regensburg)
AZ / TR: AE (2002)

Variante:

In der Fosnat, dou woar's luste

1. In der Fosnat[1], dou woar's luste wöi in ganzn Gaoha[2] nöi.
   Alles woar daham ganz an(d)ers in un(s)ern Egherlandla schöi.
   I: Fosnat hi, Fosnat her, dou san kumma near als Maschkarer[3]
   alle Leit im Land daher. :I

2. Köichla håm dou d'Weiber bachn aas'n bestn Woiznmöhl[4]:
   Zwoa drei Schuack[5] in kleanstn Haushalt derfts ma's glaabn fei, meiner Söl.
   |: Fosnat hi, Fosnat her ...:|

3. Und döi Maskarade, Jessas, woar de gräißte Naaretei.
   Kennt håut d'Muatter neat die Kin(d)er, neat der Moa sa löibs, gouts Wei.
   |: Fosnat hi, Fosnat her ... :|

4. Oagfangt håut döi Ramasure[6] scho an Fosnatsunnta fei,
   langsam is za End se ganga z'Aschermittwa, mei, o mei.
   |: Fosnat hi, Fosnat her ... :|

5. Und am Tanzbua(d)n woar a Tumult und a Gwimml und a Gwirgh[7],
   kaam håut gfun(d)a d'Naantsch[8] an Hans und d'Ritsch[9] an Girg.
   |: Fosnat hi, Fosnat her ... :|

6. D'Musikantn håm schöi dudlt, alta, neia Stückla gspült,
   ja, ma håut se, wenn ma zruckdenkt, wöi in siebtn Himml gfühlt.
   |: Fosnat hi, Fosnat her ... :|

7. Wöi der Blaasl[10] is begråbn woarn oder gschmissn ei in Teich,
   allas, wås håut laaffn kinna, woar fei mit aaf dera Leich[11].
   |: Fosnat hi, Fosnat her ... :|

WE: 1 = Fastnacht, 2 = Jahr, 3 = Maskierte, 4 = Weizenmehl, 5 = Schock, 60 Stück,
   6 = Durcheinander, Trubel, 7 = Gedränge, 8 = Anna, 9 = Maria, 10 = Blasius (Symbol-
   figur für Fastnachtszeit, von Lichtmess bis Aschermittwoch), 11 = Beerdigung
GP: Hans Pecher, Neudek (Erzgebirge), später Tirschenreuth (Tirschenreuth)
AZ/TR: HK (1997)

in: Kreger: Tirschenreuther Liedermappe 8 (2004), Nr. 12

Der Blaasl, eine Fastnachtsgestalt, war der personifizierte Fasching. Er wurde am Ende der
Fastnacht symbolisch begraben.

GIGL, GEIGL, NO A SEIDL

Aurora saß in ihrem Garten

(Mit einer Weißwurscht in der Hand)

♩=78 *ruhig erzählend*

1. Au - ro - ra saß in ih - rem Gar - ten mit ei - ner
Weiß-wurscht in der Hand. Sie tat auf den Ge - lieb-ten
war - ten mit ei - ner Weiß - wurscht in der
Hand. Der Lieb-ste kam nicht in den Gar - ten mit ei - ner
Weiß-wurscht in der Hand, er ließ das ar - me Mä-del
war - ten, mit ei - ner Weiß - wurst in der Hand!

2. Aurora wartet sieben Jahre mit einer Weißwurscht …
Sie kriegte schon ganz graue Haare mit einer Weißwurscht …
Sie wartet nochmal sieben Jahre mit einer Weißwurscht …
dann legt sie sich tot auf die Bahre mit einer Weißwurscht …

3. So ist sie sanft und still verschieden …
Doch fand sie nicht den ew'gen Frieden …
Des Nachts im Hemd herum da springt sie …
Und wenn sie einen Mann sieht, winkt sie …

Text und Melodie: Josef Blädl

in: Becher / Mayer: Münchner Liederbuch, S. 108f.

Durch die Pflege in der Oberpfalz verbreitet

's is nix mit dean åltn Weibern

1. 's is— nix mit dean ål - tn Wei - bern, bin— frouch, daß i koi-na hå(b). 's is— nix mit dean ål - tn Wei - bern, bin— frouch, daß i koi - na hå(b). Löi-ber frei i mir a gun-ges[1] Moi-derl, löi-ber frei i mir a gun-ges Moi-derl, da(ß) i Freid, ja— droa(n) hå(b).

2. I: Biff, beff, gäihts in Haus an ganzn Tågh tscheimstum[2]. :I
   I: Gunga Moidla gehnga gråd aaf, :I ålta Weiber genga krumm.

3. I: Wer sua(r)an åltn Schimml in sein Ståll drinna håut, :I
   I: frißt si å(b) sa(n) gungas Le(b)n, :I kummt zeitli nei ins Grå(b).

4. I: Drum hurchts, diatz[3] gunga Bürschla: Freits ja koa(n) Ålte niat! :I
   I: Lou(ß)ts göih döi åltn Weiber, :I döi san ja nimmer schöi(n)!

WE: 1 = junges, 2 = taubstumm, 3 = altertümliche Bezeichnung für „ihr"

in: Brosch: Der Liederschatz des Egerlandes, Nr. 646

Gigl, geigl, no a Seidl

Zu Ingolstadt, da war es in der Nähe

1. Zu In-gol-stadt, da war es in der Nä-he, da hüpft ein
Frosch so freu-dig in die Hö-he. Des sah a Frö-schin,
ge-born aus Kö-sching, ver-lieb-te sich fa-mos_ wohl in den
1. Frosch, wi-gl wa-gl wi-gl wa-gl. 2. Des sah a Frosch.

2. Und als der Frosch die Fröschin hat gesehen,
da war es um den Frosch auch schon geschehen.
|: Da hüpften beide hinein ins Wasser
und wiederum, und wiederum ans Land. Wigl wagl …:|

3. Da sagt die Fröschin zum Frosch ganz unverhohlen:
„Du hast mir meine Unschuld weggestohlen!
|: Wenn eppa[1] kemmat[2], mia san im Hemad!
Du liaber Gott, i schaamat[3] mi zu Tod!" Wigl wagl … :|

4. Und unser Pfarrer isst die Frösche gerne,
er laßt sie kommen ja aus weiter Ferne.
|: Er haut sie zsamma, in Gottes Nama,
und frißt sie auf mitsamt der sauren Soß. Wigl wagl … :|

5. Und unser Frosch, der ist ja nun gestorben
mit seiner Frau, die ehrlich er erworben.
|: Sie liegn in Eintracht alle beide
in unsers Pfarrers seinem dicken Leibe. Wigl wagl. :|

WE: 1 = jemand, 2 = käme, 3 = schäme
GP: Karl Altmann, Rittsteig / Neukirchen beim Hl. Blut (Cham)

AZ / TR: Sepp Roider (2004)
Melodie des 1. Teils nach „Bin ich ein Bursch von zweiundzwanzig Jahren"
in: Huber / Simbeck: Niederbayerisches Liederbuch, S. 10

Lustig ist das Rentnerleben

1. Lustig ist das Rentnerleben, faria, faria ho,
   brauchen keinem Rechenschaft geben, faria, faria ho.
   Ist die Rente noch so klein, sie gehört uns ganz allein.
   Faria, faria, faria, faria, faria, faria ho.

2. Seht, wie sich die Jungen plagen, faria …
   wie sie hasten, rennen, jagen, faria …
   Wir dagegen sind fein heraus,
   's Geld, das kommt doch von selbst nach Haus. Faria …

3. Zwar hat's auch in uns'rem Leben, faria …
   Müh und Arbeit viel gegeben, faria …
   Längst ist das vergessen schon,
   heute kriegen wir unsern Lohn. Faria …

4. Könnten wir auch mehr gebrauchen, faria …
   tut uns doch der Schornstein rauchen. Faria.
   Satt zu essen haben wir,
   und es langt für ein Gläschen Bier. Faria …

5. Und wer fragt denn von uns allen, faria, …
   ob die Kurse steigen, fallen, faria …
   Ach, wen kümmert es letztlich nur,
   was sie macht, die Konjunktur. Faria …

6. Lustig ist das Rentnerleben, faria …
   da wir keine Steuer geben, faria …
   Das Finanzamt, das kann uns munter
   rutschen mal den Buckel runter. Faria …

GP: Andreas Lobinger, vulgo Bouwerl Andres, Oberviechtach (Schwandorf) und
    Bartholomäus Lobinger, vulgo Bouwerl Bath, Zeinried/Teunz (Schwandorf)
AZ/TR: Adolf Eichenseer (2011)
Nach der Melodie „Lustig ist das Zigeunerleben"
In Deutschland weit verbreitet
s. auch: Schützenverein Leibelbach: Z'sam g'hockt, S. 79

Ein Prost auf alle Männer,
aa wenn sie nimmer könna.
Dann sollns' n' halt vakaaffa.
Prost Schwestern, lass' ma's laaffa.

Variante:

Lustig ist das Montageleben

1. Lustig ist das Montageleben, faria, faria ho,
   wenn wir auf den Masten schweben, faria, faria ho.
   Auf den Masten, eins, zwei, drei,
   schaukelt mir das linke Ei. Faria …

2. Ein Motor, und der muss laufen, faria …
   Ein Monteur, und der muss saufen, faria …
   Ein Mädchen, das nicht stille hält,
   wird mit dem Arsch an die Wand gestellt. Faria …

3. Mädchen, willst du Jungfrau bleiben, faria …
   muss ich von dir runtersteigen, faria …
   Runtersteigen, das darf ich nicht,
   denn das ist meine Montagepflicht. Faria …

4. Mädchen, lasst euch doch nicht verführen, faria …
   von den Monteuren ausprobieren. Faria …
   Denn der Monteur zieht weiter fort,
   ein kleines Monteurchen bleibt im Ort. Faria …

5. Ist dann die Montasch zu Ende, faria …
   reichen wir uns stumm die Hände, faria …
   Ohne Strümpf und ohne Schuh
   ziehen wir dann der Heimat zu. Faria …

GP: Helmut Zwack, vulgo Kurzmaul, Fuchsberg / Teunz (Schwandorf)
AZ / TR: AE (2011)

Scheißt ma(r) a weng in Hout ei(n)

1. Scheißt ma(r) a weng in Hout ei(n), Hout ei(n), Hout ei(n),
Hout ei(n), zöign ma wie-der 's Gsicht ei(n),
's Gsicht ei(n), 's Gsicht ei(n), 's Gsicht ei(n), Jas - sas,
naa, wöi stinkt an des, ja, ja, wöi stinkt an des,
ja, ja, wöi stinkt an des? Jas - sas, naa, wöi
stinkt an des, ja, ja, wöi stinkt an des, wöi stinkt an des?

2. 's zwoat' Mal gäihts schou besser, besser, besser, besser,
   dou is der Hout schou gräißer, gräißer, gräißer, gräißer.
   Jassas, naa, wöi stinkt denn des, |: ja, ja, wöi stinkt denn des? :|
   Jassas, naa, wöi is denn mir, ja, ja, wöi is denn mir, wöi is denn mir?

3. 's dritt' Mal dou gäiht's ganz gout, ganz gout, ganz gout, ganz gout
   dou scheißt ma an an Strouhhout, Strouhhout, Strouhhout, Strouhhout.
   Jassas, naa, wöi is denn mir, |: ja, ja, wöi is denn mir, :|
   Jassas, naa, wöi is denn mir, is dir aa sua wöi mir, wöi is denn mir?

4. Heint speibn ma ei(n) in d'Sockn, d'Sockn, d'Sockn, d'Sockn,
   bis morgn sans wieder truckn, truckn, truckn, truckn.
   Jassas, naa, wöi is denn mir, |: ja, ja, wöi is denn mir, :|
   Jassas, naa, wöi stinkt denn des, ja, ja, wöi stinkt denn des, wöi stinkt denn des?

GP: Max Schnurrer, Bärnau (Tirschenreuth)
AZ: HK (2002), TR: AE

Schouster, Schouster,
wenn er scheißt, dann houst' er.
Wenn er scheißt und houst er niat,
is er a gscheiter Schouster niat.

Meiner Goaß ihra Ouharn

1. Mei-ner Goaß ih - ra Ou-harn,[1] håb i denkt, han Wach-tln o - der Krou-han.[2] Naa, han koa Wach-tln, naa, han koa Krou-han, han mei-ner Goaß ih - re Ou-harn.

2. Meiner Goaß ihra Hoa(r)n hå(b) i denkt, han Distl und Doarn.
   Naa, han koa Distl und Doarn, han meiner Goaß ihre Hoa(r)n.

3. Meiner Goaß ihra Nasl, hå(b) i denkt, is a Böjaglasl[3]
   Naa, is koa Böjaglasl, is meiner Goaß ihra Nasl.

4. Meiner Goaß ihra Kuapf, hå(b) i denkt, is a Kniadltuapf[4]
   Naa, is koa Kniadltuapf, is meiner Goaß ihra Kuapf.

5. Meiner Goaß ihra Eiter, hå(b) i denkt, is a Oarsch, a breiter.
   Naa, is koa Oarsch, is meiner Goaß ihra Eiter[5].

6. Meiner Goaß ihra Schwanzl, hå(b) i denkt, is a Jungfernkranzl.
   Naa, is koa Jungfernkranzl, is meiner Goaß ihra Schwanzl.

WE: 1 = Ohren, 2 = Krähen, 3 = Bierglasl, 4 = Knödeltopf, 5 = Euter
GP: Peter Lindl, Berching (NM), später Lauf an der Pegnitz (Nürnberger Land)
AZ / TR: AE (2009)
Von einem Egerländer gelernt.
Vgl. Variante in Brosch: Der Liederschatz des Egerlandes, Nr. 726

Åber schau, schau, der Bauer waar schlau

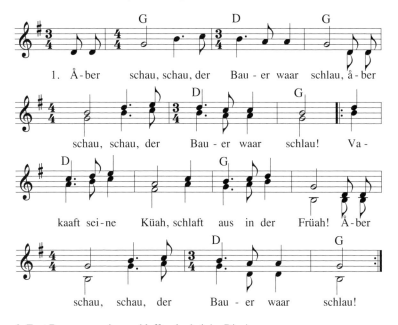

1. Å-ber schau, schau, der Bau-er waar schlau, å-ber schau, schau, der Bau-er waar schlau! Va-kaaft sei-ne Küah, schlaft aus in der Früah! Å-ber schau, schau, der Bau-er waar schlau!

2. Tuat Buama ausspirrn, schlafft selm bei der Dirn!

3. Baut an Bungalow her, dass ma siehgt, er is wer!

4. Vokaafft seine Sai und nimmt si a Wei(b)!

5. Dass d'Kaibln wern schee(n), nimmt er Östrogen!

6. Vakaafft seine Wiesn an einen Bau-Riesn!

7. Sein Hof zündt er o, d'Versicherung zahlt's scho!

8. Håt er nix mehr zum Beißn, tuat er schuahplattln für d'Preißn!

9. Håt's Sachl vopacht, fahrt in d'Stådt nei und lacht!

GP: Melodie und 1. Textzeile nach der Notierung in einer Musikantenhandschrift o.A.,
    Hohenwarth / Pfaffenhofen a.d. Ilm (Pfaffenhofen)
AZ / TR: unbekannt (1930) IfV M 211, S. 30
Neu entstandene Strophen von WM u.a., seit 1984 beim Tanzen gesungen und improvisiert.

I kaaf a Packerl Moscherie

Einer

1. I kaaf a Pa - ckerl Mo - sche - rie für
   mei - ne Jaque - lin Mei - er und måch a rou - tes
   Schlei - ferl rum, daß s' aus - schaugn, als waarn s' tei - er
   Tra - ra - la - la - la - la, tra - ra - la - la - la - la. Tra -
   la - la - la - la - la, tra - la - la - la - la - la.

   I leit bei ihr, und sie måcht auf, und
   wäi s' me sehgt, mouß s' blå - sn. Sie haut die Tür glei
   wie - der zou und mir di - rekt aaf d' Nå - sn.

2. Dann geht die Tür kurz nomål aaf – mei Nåsn, de håt brennt -
   d'Jaquelin glangt raus und reißt ma d'Moscherie no aus der Händ.
   Sie hätt hålt heint an andern drin, der scheener waar wäi i,
   und i steh mit a brochan Nåsn då und ohne Moscherie.
   Tra-ra-la-la-la-la …

3. Der Bruch von meiner Nåsn mou(ß) stationär behandelt wer(d)n,
   då steckans me ins Zimmer ei(n) zu einem ältren Herrn.
   Mi(t)m Musikantnstådl håt se's der gråd wieder gmüatlich gmacht.
   Des Gfries vom Andi Borg verfolgt me no de ganze Nacht.
   Tra-ra-la-la-la-la …

4. Der Herr, des håt se rausgestellt, is der Opa von der Jaquelin,
   und aaftaklt[2] wäi a Zwoamaster steht sie aa scho herin.
   Wås glaubts, håts ihrem Opa gschenkt – ja då wirst scho glei hi –
   es war mitm routn Schleiferl mei Packl Moscherie.
   Tra-ra-la-la-la-la …

5. Auf einige Geburtstage warn meine Moscheri seitdem,
   a jeder, der wou s' gschenkt kräigt[3] håt, håts wieder weitergebn.
   As ganze Dorf håts eitz scho ghabt, und wäi's der Herrgott aa so lenkt,
   a Joahr drauf håts ma d'Oma zum Geburtståg wieder gschenkt.
   Tra-ra-la-la-la-la …

6. Des Packl war no unverletzt, des schaut no recht guat aus,
   åber aus de Kerschn innen drin kraagln[4] d'Würmer jetz scho raus.
   De neian warns hålt nimmermehr, meine guatn Moscheri.
   Hätt e's doch glei selber gfressn, na waarns jetzat net hi.
   Tra-ra-la-la-la-la …

WE: 1 = bekannte Schnapspralinen Mon Chéri, 2 = aufgetakelt, 3 = gekriegt, bekommen,
    4 = klettern, kriechen
GP: Sebastian Daller, Teugn / Saal a. d. Donau (Kelheim)
AZ / TR: AE (2012)
Neubetextung des Liedes „Bin i der boarisch Hiasl" von Sebastian Daller, einem bekannten
niederbayerischen Gstanzlsänger
in: Kiem Pauli: Oberbayerische Volkslieder, S. 116

Alter Wein und junge Weiber
sind im Leben ein Genuß,
denn sie können selig machen,
ohne dass man sterben muß.

Schön ist die Jugend

(Schön ist das Alter)

1.Schön ist die Ju - gend, so steht's ge - schrie-ben,
Ist man im Her - zen nur jung ge - blie-ben,

doch auch im Al - ter kann man sich freun.
fühlt man im Al - ter sich nicht al - lein.

Muß man auch lang-sam gehn, manch-mal bei-

sei-te stehn, schön ist das Al - ter trotz al - le - dem.

2. Ist man erst älter, wird man bescheiden
und hofft nicht mehr auf das große Los.
Die Jugend braucht man nicht zu beneiden,
was Gott im Heute schenkt, ist wahrhaft groß!
I: Muß man auch langsam gehn … :I

3. Das Buch des Lebens hat viele Seiten;
das Schicksal blättert um und fragt uns nicht.
Doch Gottes Segen wird uns geleiten,
er schützt in Treue, gibt Kraft und Licht.
I: Muß man auch langsam gehn … :I

4. Freut euch des Tages und nutzt die Stunden
in Fröhlichkeit und Zuversicht.
Viel Schweres wurde schon überwunden,
man scheute Mühe und Arbeit nicht.
I: Seid froh und unverzagt,
sagt Dank für jeden Tag,
was er auch immer euch bringen mag! :I

GP: Bartholomäus Lobinger, vulgo Buberl Bath, Zeinried (Schwandorf)
AZ/TR: AE (2011),
Variante zu „Schön ist die Jugend in frohen Zeiten"

Ein altes Weib wollt' scheißen gehn

Ein al - tes Weib wollt' schei-ßen gehn, sie fand die
Tür ver - schlos - sen. Da stieg sie auf die Lei - ter
'nauf und schiß dann durch die Spros-sen, Spros-sen, Spros-sen.
Doch die Lei-ter brach ent - zwei, dem al-ten Weib zum
Trot-ze, Trot-ze, Trot-ze. Dann fiel sie in den Dor-nen -
busch und stach sich in die Fin-ger, Fin-ger, Fin-ger.

GP: Erich Trottmann, Schönhaid/Wiesau (Tirschenreuth)
AZ/TR: AE (2011)
Der Melodie „Wer weiß, wann wir uns wiedersehn" nachempfunden.

Ich håb amål vom Teifl traamt

1. Ich håb a-mål vom Tei-fl traamt, des war fei wun-der -
   A Lum-pn-ball war an-ga-schiert vom Tei-fl uns zu

schön, daß ich då drun-tn in der Höll auf
Ehrn. Wia des då drun-tn zua-ganga is, des

a(r) an Bsuach bin gwen. Döi Lum-pn, döi der
werds vo mir glei härn.

Tei-fl holt då drun-tn in der Höll, döi warn ja al-le

bsof-fn, döi warn al-le kreiz-fi - del. Hal - lo, heit ham mia(r)

aa an Ball, mia tan-zn die gan-ze Nacht! So - goar an Tei-fl sei

Schwie-ger-muat-ter håt an Hupf-ra gmacht. Då drun-tn

in der Höll ist al-les kreiz-fi-del, so-goar de

ar-ma Seeln ham aa mit - tan-zn wölln. Der Tei - fl

sel-ber war vor Freid a gan-zer Narr. Håt al-ler-weil

gschrian: "Hal-lo, so a Hetz war no net då!"

2. Ma(n) mächts ja goar net glaabn, wås då drunt für Lumpn san:
   Då siagt ma Hausherrn, Gängster, Bürgermeister bei(r)anand,
   Finanzer und aa Kaufleit, ja de warn fei net verlegn,
   auch Advokatn, ja sogar den Hitler håt ma gsehgn.
   An Haufn schlimme Weiber, viele Damen vom Ballett,
   fünfhundertausend Schwiegermütter, weniger warn des net.
   Musikantn und aa Kellnerinnen waren mehr als gnua,
   de håm mitanander tanzt bis halbe sechse in der Fruah.

   Und bei der größtn Hitz, i mach fei kaane Witz,
   håms gsoffn literweis statt Schampus Wein mit Eis,
   a Bichsn Terpentin, Petroleum und Benzin.
   Ja, so a Teiflsmågn, der ko(nn) fei wås vertrågn!

3. Der Raiber und der Teifl, de håm tanzt de ganze Nacht,
   oaner mit'ra blaua Nåsn håt a bisserl glacht.
   I muaß scho sågn, des suacha mia vergebens auf der Welt.
   Mia håt sogar der Teifl gfalln mitsamt sein gstohlna Geld.
   Auf oamal hoaßts Quadrill[1] wird tanzt, ja hollera di jo,
   då stehnga tausend Bissgurrn, de ganzn Spitzbuam hintn dro.
   Dazu kommt noch a Polstertanz, der Anblick war enorm,
   då is a Hex mit'm Besn beim Rauchfang außigfahrn.

   Döi Musikantn drunt warn lauter Höllenhund,
   wås döi ham zamma gspuilt, des war ja mehr als wuild.
   Trotzdem håt alles klappt, håm tanzt de ganze Nacht,
   an Schnaps håt's aa no gebn. Der Teifl, der soll lebn!

WE: 1= alter Tanz
GP: Ernst Fink, Neudek (Erzgebirge), später Marktleuthen (Wunsiedel)
AZ/TR: AE (2012)
Altes Wiener Couplet

Jassas naa, ham mia heit gsoffn

(Musike, Musike)

flott

1. Jas - sas naa, ham mia heit gsof - fn und ge - draaht die

gan - ze Nacht mit den al - ler - schön - sten Ma - derln,

daß håt aa der Tanz - bo(d)n kracht. "Jas - sas", sagt zu

mir der G'frei - ter: "Nach Haus gehn S' ei - ligst, de blå - sn schon!"

Drauf sag ich: "Du dum - mer Wen - zl, wås geht mich des

Blå - sn o? Kom - man - diern tua ich heit z'haus

mit den Ma - derln Brust her - aus!" Mu - si - ke, Mu - si -

ke, spielts mir an A - stra - vill![1] Heit draahn mia

auf und zua bis in der Fruah. Wo die Mu -

GIGL, GEIGL, NO A SEIDL

sik er-klingt, då wo man tanzt und singt, då laßt uns

fröh-lich sein bei Bier und Wein! Mu -

Nachspiel

2. Neulich war ich im Manöver, sagt zu mir der Korporal:
„Du, heit wird der Oberst da sein, bitte schiaßn S' aa(r)amal!"
Ich komm' dann gleich voller Freuden mit mein(m) Repetiergewehr,
endlich hab ich den Oberst troffn in sein' Haxn, oh Malheur!
Ja, gebts mir nur kaa Gwehr in d'Hand,
ich hab zum Schiaßn kaan Verstand.

Musike, Musike, Schiaßn erlern ich nicht.
Hat für mich ja aa kaan Zweck, ich triff an Dreck!
Wo die Musik erklingt, da, wo man tanzt und singt,
da lasst uns glücklich sein bei Bier und Wein!

3. Neulich mal beim Exerziern schreit der Feldwebl mich an:
„Ach Gott, san Sie ein blödes Luder, wo ma kaa zweits mehr finden kann.
Haben Sie etwa noch einen Bruder?" „O ja!", sag ich schlau und fein,
des is noch a blöderes Luder!" „So", sagt er, „was tut er sein?"
„Er ist auch – ich bitte sehr –
Feldwebel beim Militär.

Musike, Musike, gleich drauf ham sie ein'gsperrt mich
vierzehn Tage ohvisol[2], soll's der Teifl hol'n!"
Ja wo die Musik erklingt, da wo man tanzt und singt,
da lasst uns glücklich sein bei Bier und Wein!

4. Neulich hab ich einen Brief bekommen von meiner Marianka aus Brünn.
   „Dessertier doch, dummer Lackel, und schmeiß den ganzen Krempel hin"
   Wenn du willst Soldat schon bleiben, kauf dir selber a Kanon,
   Tu dich net für Fremde plagen, fangen mia a G'schäft alleine an.
   Bring nur recht viel Pulver mit!"
   Des war ihre letzte Bitt!

   Musike Musike, recht hat sie, die Marie,
   zu was brauchen mia a Militär? Bringts uns a Pivo³ her!
   Wo die Musik erklingt, da wo man tanzt und singt,
   da lasst uns glücklich sein beim Bier und Wein.

WE: 1 = Tanz, 2 = ojeh, 3 = tschechisches Bier
GP: Ernst Fink, Neudek (Erzgebirge) später Marktleuthen (Wunsiedel)
AZ / TR: AE (2012)

Der Bläser spielt mit Leichtigkeit,
fehlt es ihm nicht an Feichtigkeit. Prost!

GIGL, GEIGL, NO A SEIDL

Un(s)er Håslbächer Moidla

1. Un-(s)er Hå-sl-bä-cher Moid-la håm zwoa Paar-la So-ck'n oa(n), å-ber d'üa-ban, döi san zris-sn, da(ß) ma d'ün-tan durch-säihr koa(n). Gou-da Nåcht, löi-ber Schåtz, in mein Her-zen håust koin Plåtz. Und sua gäiht der Hå-sl-bä-cher Marsch, Marsch, Marsch und sua gäiht der Hå-sl-bä-cher Marsch.

2. Un(s)er Håslbächer Moidla, döi håm Fläich, is neat zun Sågn,
   wenn sie kratzn möin, nou sågn sie, daß sie d'Muckn gstochn håm. Gouda Nacht …

3. Un(s)er Håslbächer Moidla, döi håm allweil ihran Witz,
   fröih, wenn 's Inlett völli nåß is, åffa sågn sie: Mir håm gschwitzt. Gouda Nacht …

4. Un(s)er Håslbächer Moidla, döi håm latter zrissne Schouh;
   „De bessan", sågn sie, „toun ma schouna, und dahoim, dou håut ma gnou."
   Gouda Nacht …

5. Un(s)er Håslbächer Hebamm håut scho lang an Haaffn Göld,
   oarwat åber fleißig weiter, waal(r)a d' Oarbat za gout gföllt. Gouda Nacht …

6. Un(s)er Håslbächer Burschn lou(ß)n de Moidla neat in Rouh,
   åber wenn van Hei(r)an gredt wird, hålten sie sei(n) Ouhan[1] zou. Gouda Nacht …

7. Un(s)er Håslbächer Bauern nehmas neat sua goua[2] gnau,
   sie dawischn in der Finza[3] öimål d'Stubnmoad stått der Frau. Gouda Nacht …

8. Un(s)er Håslbächer Weiber, döi håm dreizeah Kidl oa(n),
   und döi genga neat weit unti, da(ss) ma auffiguckn koa(n). Gouda Nacht …

9. Un(s)er Håslbächer Wachter is a ålter Tattamoa(n)[4],
   wenn(r)a Moidl siaht, sa floucht a, waal er nex mehr leistn koa(nn). Gouda
   Nacht …

WE: 1 = Ohren, 2 = gar, 3 = Finsternis, 4 = Tattergreis

in: Brosch: Der Liederschatz des Egerlandes, Nr. 1013

Vgl. Bergmann: Liederbuch der Egerländer, S. 145

Hast du keine Zähne mehr im Mund
und bist auch sonst ein gfreckter Hund
und liebt dich ein schön's Mägdelein,
dann mußt du der Chef der Sparkasse sein.

Jede Nacht muß die Frau auf den Eimer

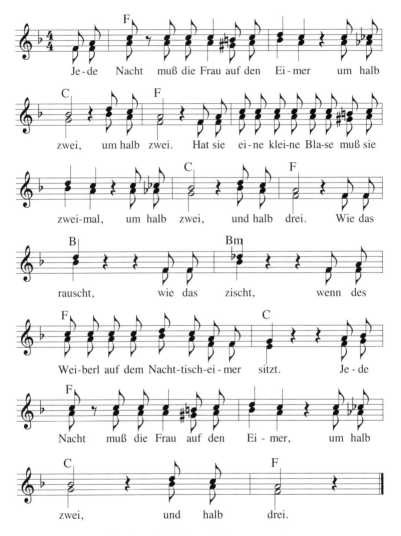

GP: Edi Zinkl / Otto Zilch, Fensterbach (Schwandorf)
AZ / TR: Josef Lobenhofer (2012)

Parodie zum Schlager „Eine Insel, aus Träumen geboren", den die beliebte Tanzkapelle
„Fescher Kater" aus Fensterbach gern gespielt und gesungen hat.

Früher, als wir Babies waren

(Bofrost-Kinder)

1. Frü-her, als wir Ba-bies wa-ren, fiel das Gan-ze nie-mand
auf. Doch im Lau-fe mit den Jah-ren sahn wir al-le ähn-lich
aus: Na-sen, Au-gen, Oh-ren, Haa-re und ein brei-tes Dop-pel-
kinn. Das ist si-cher doch kein Zu-fall, da-rin liegt ein tief-rer
Sinn. Mia san al-le vom sel-ben Vier-tel und sind
Kin-der vom Bo-frost-Mann. Ke-vin, U-gur und die
Bir-te, Pa-pa ist der Bo-frost-Mann.

2. Pommes, Pizza mit Sardellen, alles bringt der Bofrost-Mann.
Und dazu noch Samenzellen, wie man deutlich sehen kann –
frisch und auch mal tiefgefroren, rentensichernd und frei Haus.
Jeden Mittwoch voll Erwartung zieht sich deshalb Mutti nackig aus.

Mia san alle vom selben Viertel und sind Kinder vom Bofrost-Mann.
Merlin, Ole und der Sören, Papa ist der Bofrost-Mann.

GIGL, GEIGL, NO A SEIDL

3. Wer gibt stets das Allerbeste? Unser Papa, der Bofrost-Mann.
Drum prangt stolz an seiner Weste ein goldner Zeugungsorden dran.
Verliehn von unserm Übervater, dem Herrn Ministerpräsident,
der wie kein Zweiter hier im Lande Papas große Mühen kennt.

Doch noch viel mehr können sagen: „Wir sind auch vom Bofrost-Mann".
Dörte, Jessie und der Torben, alles kommt vom Bofrost-Mann.

Nachgesang:

Bo - frost macht die Ma - mi glück - lich, Pa - pi muss jetzt nicht mehr ran, denn für Nach-wuchs hier im Vier - tel sorgt der bra - ve Bo-frost - Mann. Wir sind al - le Bo - frost - Kin - der, Pa - pa ist der Bo-frost - Mann. Willst auch du da - zu ge - hö - ren, ruf doch gleich bei Bo - frost an.

GP: Die Couplet-AG, Text: Jürgen Kirner, Musik: Bernhard Gruber-Gruber / trad., München

Achtung: Bei diesem Lied liegen alle Rechte bei den Urhebern bzw. deren Erben.
Bei ihnen müssen die Veranstalter die Rechte für öffentliche Aufführungen einholen.
Privat kann es jederzeit gesungen werden.

Am Sofa sitzt a junge Frau

1.A: Am So - fa sitzt a jun - ge Frau.

B: "Er - zähl die G'schich - te wei - ter!"

A: Der Haus - freund is na - tür - lich schlau.

B: "Er - zähl die G'schich - te wei - ter!"

A: Er liest ihr vor a Lie - bes - g'schicht.

B: "Er - zähl die G'schich - te wei - ter!"

A: Auf oa - mal dreht er aus das Licht. Pst!

A/B: "Nix mehr re - den, fer - tig, Schluß!

Zu viel re - den macht Ver - druß."

2. A: Die Rosamund' wird schrecklich blass.
   B: „Erzähl die Gschichte weiter!"
   A: Sie kriegt an Umfang wie ein Fass.
   B: „Erzähl die Gschichte weiter!"
   A: Auf oamal gibt's a Mords Geschrei.
   B: „Erzähl die Gschichte weiter!"
   A: Die Weiber sågn, sie håt glei drei. Pst!
   A/B: „Nix mehr reden, fertig, Schluss!
   Zu viel reden macht Verdruss."

3. A: Er singt auf d'Nacht beim Mondenschein.
   B: „Erzähl die Gschichte weiter!"
   A: „Geliebte, ach, lass mich hinein!"
   B: „Erzähl die Gschichte weiter!"
   A: Und weil da gar nix weitergeht,
   B: „Erzähl die Gschichte weiter!"
   A: da glangt s' hinunter unter's Bett. Pst!
   A/B: „Nix mehr reden, fertig, Schluss!
   Zu viel reden macht Verdruss."

4. A: Zwei Weiber ratschn scho zwei Stund.
   B: „Erzähl die Gschichte weiter!"
   A: Da kommt des Wegs daher ein Hund.
   B: „Erzähl die Gschichte weiter!"
   A: Die Weiber hörn halt gar net auf.
   B: „Erzähl die Gschichte weiter!"
   A: Da hebt der Hund sei Fuasserl auf. Pst!
   A/B: „Nix mehr reden, fertig, Schluss!
   Zu viel reden macht Verdruss."

5. A: Er trinkt koa Bier, er trinkt koan Wein,
   B: „Erzähl die Gschichte weiter!"
   A: da muaß was Schrecklichs vorg'falln sei.
   B: „Erzähl die Gschichte weiter!"
   A: Die Doktor kosten sehr viel Geld.
   B: „Erzähl die Gschichte weiter!"
   A: Was moanst jetzt nacha, wås dem håt g'fehlt? Pst!
   A/B: „Nix mehr reden, fertig, Schluss!
   Zu viel reden macht Verdruss."

GP: Melodie: Rosa Kienberger, vulgo Lenz-Nigl-Roserl, Rattenberg (Straubing-Bogen)
    Text: Kapelle Holzapfel, Rattenberg (Straubing-Bogen)
AZ: AE (2012)
in: Slg. Rosa Kienberger, Nr. 27

Ein jeder Mann trägt eine Hose

(Still ruht der See)

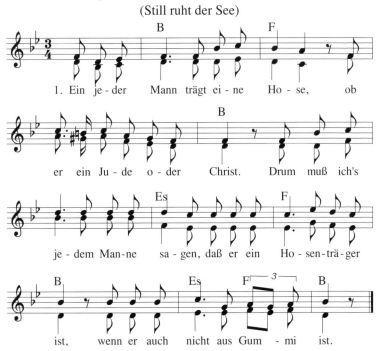

1. Ein je-der Mann trägt ei-ne Ho-se, ob er ein Ju-de o-der Christ. Drum muß ich's je-dem Man-ne sa-gen, daß er ein Ho-sen-trä-ger ist, wenn er auch nicht aus Gum-mi ist.

2. Die Medizin ist für den Kranken, das Obst ist für den Magen g'sund.
   Am besten schützt vor einem Einbruch gewiss ein wachsamer Hund.
   Nach Eglfing[1] san's bloß zwoa Stund.

3. Wenn man die Tür aufmacht, dann zieht es. Das ist doch schon a alte G'schicht.
   Jedoch wenn man sie wieder zumacht, das ist doch klar, dann zieht es nicht.
   Und wenn dir auch das Herze bricht.

4. Ich hab zu Hause ein Aquarium, da ist natürlich Wasser drin.
   Denn wenn kein Wasser drinnen wäre, dann wären alle Fischlein hin.
   Da hilft auch keine Medizin.

5. Oft eine Frau, die trägt Manschetten gerade so als wie der Mann.
   Würde man die Sache g'nauer nehmen, so hätt die Frau Frauschetten an.
   Denn eine Frau ist ja doch kein Mann.

6. Drei Söhne einer armen Mutter zum blutigen Kampfe zogen sie.
   Zwei kehrten heim, der dritte nimmer. O bittere Schicksals-Ironie!
   Der ging zu der Schandarmerie.

7. Still ruht der See, auf des Daches Zinnen da hält ein Kätzlein Mittagsruh.
   Bumps! kracht ein Schuss, zu Tod getroffen schließt 's Kätzlein seine Augen zu.
   Daraus entstand ein Rehragout.

8. Still ruht der See, ein Huhn muss man pflegen, dann legt es auch ein schönes Ei.
   Denn wenn ein Schwein ein Ei tät legen, dann wär' es eine Schweinerei.
   Nur einmal blüht im Jahr der Mai.

Amen

WE: 1 = Ort bei Haar bei München mit dem bekannten Nervenkrankenhaus,
     früher Irrenhaus
GP: Kapelle Holzapfel, Rattenberg (Straubing-Bogen)
AZ: AE (2012)
in: Slg. Rosa Kienberger, Nr. 35
Neubetextung des Liedes „Still ruht der See"

Jägers Klage

In meinen jungen Tagen,
da ging ich oft zum Wald,
die Schnepfe dort zu jagen.
Wie hab ich die geknallt.

Wie stieß ich oft und mächtig
den Ladstock in den Lauf,
wie stand der Hund so prächtig,
wenn's auf die Sau ging 'nauf.

Jetzt hängt die Jägertasche,
die Schnalle bleibt jetzt zu,
leer ist die Pulverflasche,
der Hahn hat gute Ruh.

Die Jagd, die ist geschlossen,
verrostet das Gewehr;
das Pulver ist verschossen,
der Hund, der steht nicht mehr.

Fräulein Adelgunde ist so sittenrein

(Ah, ah, ah)

1. Fräu-lein A - del - gun - de ist so sit -ten - rein,

fast zu je - der Stun - de wei - let sie al - lein.

Him-mel-blau - e Au - gen, stets ge -neig-ter Blick,

ja, ihr gan-zes We - sen je - der-mann ent - zückt

Ju - lius spricht: das Ge - sicht, ah, ah, ah,

rei-zend schön, an - ge -nehm, ah, ah, ah, doch

a - bends spät nach dem Soup-pe,[1] ah, ah, ah,

stahl sie ihm sein Port-ma-ne,[2] ah, ah, ah.

2. In des Baches Fluten badet sich ein Mann,
weil im tiefen Wasser er nicht schwimmen kann.
Doch weil in diesem Bache das Baden nicht erlaubt,
so hatte ihm der Fischer die Kleider leis' geraubt.
Gar nicht lang kommen dann, ah, ah, ah,
zwei Fräulein fein, ganz allein, ah, ah, ah,
sie zieh'n sich aus und springen dann, ah, ah, ah,
in das Wasser zu dem Mann, ah, ah, ah.

3. Im Zigarrenladen sitzt 'ne holde Maid,
anmutsvoll und lieblich im schneeweißen Kleid.
Zarte Feenhände, schwarzer Augen Glut,
sanftes Busenschwellen, Lippen rot wie Blut.
Doch abends spät kommt sie nach Haus, ah, ah, ah,
da sieht sie wie a Nachteul' aus, ah, ah, ah.
Die Farb' wäscht sie aus dem Gesicht, ah, ah, ah,
der Busen auf dem Sessel liegt, ah, ah, ah.

WE: 1 = festliches Abendessen, 2 = Geldbörse
GP: Kapelle Holzapfel, Rattenberg (Straubing-Bogen)
AZ: AE (2012)
in: Slg. Rosa Kienberger, Nr. 1

An ålter Mo is an alter Lump,
an ålts Wei is an ålts Glump.

Um 1999
(Im Jahre 1999)

1. Um neun-zehn-hun-dert-neun-und - neun-zig gibt's ei-ne gro-ße Welt-re - form, die Men-schen wer-den sich ver - wan-deln, und Blü-te trei-ben je-der Dorn. Män-ner wer-den Rö-cke tra-gen, Frau-en zie-hen Ho-sen an, Wei-ber wer-den E-he - män-ner und zum Wei-be wird der Mann. O neun-zehn-hun-dert-neun-und - neun-zig, voll Weh-mut denk ich dein, du magst mit dei-nen Frau-en - rech-ten nie Män-ner su-chen heim.

2. Um neunzehnhundertneunundneunzig, da wird man viele Brillen sehn,
   die ins Kolleg auf Damennasen so ganz gelehrt spazieren gehn.
   Fritz erzählet seiner Mutter: „Denk dir, Mama, den Triumph,
   heute strick ich in der Stunde fertig deinen blauen Strumpf!"

3. Um neunzehnhundertneunundneunzig spaziert ein Kindergouvernant,
   und an fast allen Straßenecken komm'n ihm die Mädel nachgerannt.
   Alle Augen schmachten nach ihm, der beim Kinderwagen geht,
   denn ein Mann in dem Jahrhundert ist 'ne große Rarität.

4. Um neunzehnhundertneunundneunzig erscheint Punkt 10 im Warteraum
   Frau Doktor, denn die Patienten, die warten auf sie lange schon.
   „O, bitte", spricht sie, „Sie verzeihen, ich möcht' bloß nach der Küche sehn,
   weil mein Mann, um einzukaufen, musst' zum Wochenmarkte gehn".

5. Um neunzehnhundertneunundneunzig wird der Storch auch abbestellt,
   denn die kleinen Schreiehälse kommen alle groß zur Welt.
   Ehen werden nicht geschlossen, jeder ist sein Herr für sich,
   und es kriegt die Schwiegermutter durch die Rechnung einen Strich.

6. Um neunzehnhundertneunundneunzig da geht's am Stammtisch hoch hinaus,
   und es wird manche von den Schönen mit einem Affen gehn nach Haus.
   Es erzählt die Frau Justizrat, ihr Mann, der wär' noch so kokett,
   und soll in den nächsten Tagen kommen in das Wochenbett.

GP: Kapelle Holzapfel, Rattenberg (Straubing-Bogen)
AZ: AE (2012)
Couplet von A. Kutschera (Text) und A. Chorowky (Musik), op. 8, Nr. 3
Gedrucktes Notenblatt, Verlag Otto Hefner, Oberneudorf-Buchen (Baden)
Prophezeiung der Folgen von Emanzipation

Uns geht's gut, wir haben keine Sorgen

Uns geht's gut, wir ha-ben kei-ne Sor-gen.

Uns geht's gut, wir den-ken nicht an mor-gen. Uns geht's

gut, wir trin-ken a-bends Tee und wenn wir mor-gens

früh auf-stehn Ka - threi-ner Malz-kaf - fee. fee.

GIGL, GEIGL, NO A SEIDL

gesprochen:
Als Adam hat gesündigt,
da sprach der Liebe Gott:
„Am ersten wird gekündigt ;
am zweiten seid ihr fort."

gesungen:
1. Adam schiebt den großen Möbelwagen,
   Eva muß das Nachtkonsölchen tragen,
   Kain, der trägt die alte Gipsfigur
   und das kleine Abelchen die Nachttopfgarnitur.

2. Töff töff töff, da kommen sie gefahren,
   die einst Gottes Untermieter waren.
   Töff töff töff, wo wollen sie denn hin?
   Sie wollen nach Jerusalem in 'ne Mietskaserne ziehn.

3. Adam ging zum Arbeitsamt zum Stempeln,
   Eva wird Verkäuferin im Tempel,
   Kain, der geht ins Priesterseminar
   und das kleine Abelchen wird Studienreferendar.

4. Kain, der nahm das klitzekleine Keulchen,
   damit schlug er Abel eins auf 's Mäulchen.
   Da sprach Gott, der hoch am Himmel stand:
   „Ja, wenn ihr jetzt nicht artig seid, bewerf ich euch mit Sand."

GP: Frieder Roßkopf, Hemau (Regensburg)
AZ / TR: AE (2012)
Von Josef Binner, dem alten Hemauer Kapellmeister, gelernt

Bei Tanz und Trunk und Sang
wird nie die Zeit zu lang.

Wenn d'Leit a bisserl bsoffn san

(Ich håb a Mordstrumm Wampn)

Wenn d'Leit a bis-serl bsof-fn san, då toun sie re-nom-
miern. Då fan-gas gleich zum Auf-schnei(d)n an, zum
Schwin-dln und zum Liagn. Wås s'ålls ham und
wås sie san, für mich sans oar-me Hund. Ich såg eich gleich, wås
ich be-sitz', dann wis-sen S' aa den Grund: Ich
håb a Mords-trumm Wam-pn, die gib i nim-mer her.
Wann i net de Wam-pn hätt, wär ich schon Mil-lio-när. Ich
håb a Mords-trumm Wam-pn, de kost an Bat-zn Geld. Ja,

wann i die net ha-ben tät, hätt' ich auf de-rer Welt a
Vil-la am Meer, an Royce mit Schaf-för, drei
Die-ner und a Kam-mer-frau, de gan-ze Wo-chn blau, a
Jagd draußd im Wald, a Wei-berl, des mir gfållt.
Å-ber net um noch viel mehr gaab i mei Wam-pn her.

2. Wenn ich eini auf's Finanzamt muaß, da trifft mich fast der Schlåg.
   Då leg'n die mir an Zettel hin mit fünfavierzig Fråg'n:
   Vermögenssteuer, Grundbesitz, Geschäft und Inventar,
   då nimm ich gleich mein Bleistift her und schreib' auf's Formular:

   Ref:
   Ich hab a Mordsdrum Wampn …

GP: Ernst Fink, Neudek (Erzgebirge), später Marktleuthen (Wunsiedel)
AZ / TR: AE (2012)

Du herzensscheens Schåtzerl

– Liebe und Erotik, Ehefreud und -leid –

Z'nachst bin i spaat außiganga

1. Z'nachst bin i spaat au - ßi - gan - ga. Håb'
g'moant, i mächt 's Vo - gerl fan - ga. Des
Vo - gerl håt mi g'freit, ja weil's går so schee schreit und drauf
bin i zum Dean-dl gan - ga! Des Dean-dl gan - ga!

2. Und wia(r)i zum Fensterl hi'kimm,
   då liegt scho an andrer Bua drin.
   |: Der oane dea(r)f si einelegn,
   i muaß mi draußt histeh',
   mächtn oan d'Augn übergeh. :|

3. Jetz woaß i scho wieder, wås i tua,
   i laß dem scheen' Deandl sei Ruah.
   |: Na spar i mir d'Strümpf' und d'Schuah
   und 's Gelderl aa dazua,
   bleib' a lustiga Bua. :|

4. Jetz håb i koan Kreuzer Geld mehr,
   als wia bloß an falschn Fünfer.
   |: Und den håb i vozöhlt
   bei mein Deandl sein' Bett.
   und jetz find ich'n mei' Lebtåg nimmer. :|

GP: Wastl Roider, Weihmichl (Landshut)
AZ / TR: Max Seefelder (1988)

GIGL, GEIGL, NO A SEIDL

Und im Tannawåld drinna

♩ = 60 *breit*

1. Und im Tan - na - wåld drin - na, und im
Tan - na - wåld drin - na, und im
Tan - na - wåld drin - na, då bin i's da - hoam.

2. |: Durt steht halt a Haiserl, :| 3x
   wo mei Deanal drin is.

3. |: Schee(n)s Deanal, geh, mach mir auf :| 3x
   so spät auf die Nacht!

4. |: Wås håst du mir mitbracht :| 3x
   so spät auf die Nacht?

5. |: A Ringerl am Finger :| 3x
   a Busserl, dass's kracht!

6. Des Ringerl is brocha
   aaf tausnd Trümmer und,
   oh, herzigs scheens Schåtzerl,
   öitza måg i di nimmer!

GP: Maria Köstner, vulgo Tauber Rizi, Wolfsberg Böhmerwäldler Siedlung im Banater
   Bergland (Rumänien)
AZ / TR: WM (1972)

in: Hs. Liederheft Gesa Folkerts 7 (2001–2002), S. 16f.

Du herzensscheens Schåtzerl

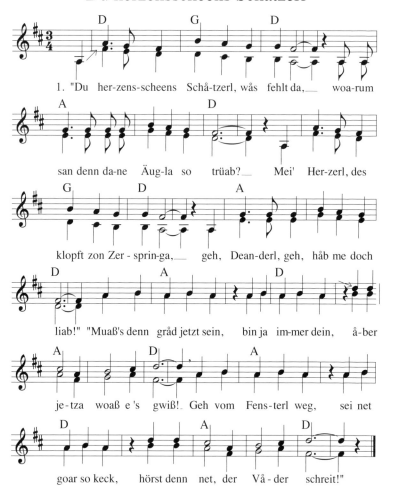

1. "Du her-zens-scheens Schå-tzerl, wås fehlt da,＿ woa-rum
san denn da-ne Äug-la so trüab?＿ Mei' Her-zerl, des
klopft zon Zer - sprin-ga,＿ geh, Dean-derl, geh, håb me doch
liab!" "Muaß's denn gråd jetzt sein, bin ja im-mer dein, å-ber
je-tza woaß e 's gwiß!＿ Geh vom Fens-terl weg, sei net
goar so keck, hörst denn net, der Vå - der schreit!"

2. „Liabs Deanderl, schau außa zum Fenster!
Hör auf mit dem Woana, sei gscheit!
I håb dir wås mitbråcht, scheens Schatzerl.
Schau außa, gwieß macht's dir a Freid."
„Muaß's denn gråd jetzt sei(n), bin ja nimmer dein,
åber jetz woaß es gwieß! Geh vom Fensterl weg,
sei net går so keck, hörst denn net, der Våder schreit."

3. „Liabs Deanderl, wås bist heit so grante?
   A oanziger Kuß, schau, wås waar's?
   Schau außa zum Fensterl und schaam di!
   No, is denn a Kuß so wås Raars?"
   „Seit an Monat scho denk i ernstlich dro.
   Åber jetza woaß e's gwieß. Håb an Pfoarrer gfrågt,
   und der håt ma's gsagt, dass a Kuß a Sünde is."

4. „Wås woaß der Herr Pfoarrer vom Küssen?
   Liabs Deanderl, dem derfst aa net ålls glaubn.
   Muaß denn der Herr Pfoarrer ålls wissen?
   Tu nur a wenig außa schaun."
   „Seit an Monat scho denk i ernstlich dro.
   Åber jetza woaß e's gwieß. No, des waar a Pech,
   ohne Må(nn) zu sein, no, so küß da gråd jetz gnua!"

GP: Wenzel Kautnik, Silberberg (Böhmerwald)
AZ: Josef Blau (1897)

in: Jungbauer: Volkslieder aus dem Böhmerwald, Nr. 564

Variante:

O herzensschöins Schåtzerl, öitz kumm i vom Wåld.
A Vogherl hå(b) i gfanga im gröiner Wåld.
Håt si hin und her gschwunga, aafs Nesterl higsetzt,
håt g'schwiebelt, håt gsunga, håt 's Schnaaberl å(b)gwetzt.

Ältester Beleg aus der Rittersberg-Sammlung (1825), Nr. 32
zitiert in Baumann: Deutsche Volkslieder aus Böhmen, S. 49

Wenn i nea(r) wissat, wöi des waa(r)

1. Wenn i nea(r) wis-sat, wöi des waa(r), wöi des waa(r),

wenn i an schöin Moi-der-l a Bus-serl gaa(b)?

's möißt sua sa, wöi wenn i Ho - ni(g) aaß,

und da-ba in an Schmalz-tuapf saaß.

Sua, ja sua, a sua möißts sa,

wenn i an schöin Moi-der-l a Bus-serl gaa(b).

2. Wenn i nea(r) wissat, |: wöi des waa(r), :|
   wenn i an schöin Weiberl a Busserl gaa(b)?
   's möißt sua sa, wöi wenn i a Räiserl häitt
   und in a Rousnlaabn¹ sitzen täit.
   Sua, ja sua …

3. Wenn i nea(r) wissat, |: wöi des waa(r), :|
   wenn i an åltn Wei(b) a Busserl gaa(b)?
   's möißt sua sa, wöi wenn i Schläiha[2] fraaß
   und dabaa in der Durnstaudn saaß.
   Sua, ja sua …

WE: 1 = Rosenlaube, 2 = Schlehen
in: Bergmann: Liederbuch der Egerländer, S. 164

Variante im ¾ Takt:

1. |: Mächt i wissn, wöi des tät,
   wenn i a Schatzerl hätt. :|
   Ei, gestern is's drei Wochn gwest,
   dou bin i ba mein Moidl gwest.
   Öitz lasst sie mi nimmer ei,
   mei Herzallerliabste mei(n).

Ältester Beleg mit anderer Melodie aus der Rittersberg-Sammlung (1825), Nr. 22
zitiert in Baumann: Deutsche Volkslieder aus Böhmen, S. 44

Ohne Bier und Brot
leidet auch die Liebe Not.

Mia håm amål an schöiner Drummltaub'ra g'habt

ruhig (♩ = 54)

frei ansingen:

1. Mia håbn a-mål an schöi-ner Drum-ml-tau-bra g'habt,
Drum-ml-tau-bra g'habt, Drum-ml-tau-bra g'habt,
der håt so schöi-ne Fe-dern g'habt, Fe-dern g'habt,
Fe-dern g'habt, der håt åll-weil drum-mlt am Dåch,
drum-mlt am Dåch, drum-mlt am Dåch, der håt åll-weil
drum-mlt am Dåch ål-le Sams-tåg auf d'Nåcht!

2. Jetz is der schöine Drummtaubra weg,
   jetz san de schöina Federn weg,
   Federn weg, wer wird jetzad drummln,
   wer wird jetzad drummln
   alle Samstag auf d'Nacht?

GP: Karl Altmann, Rittsteig / Neukirchen b. Hl. Blut (Cham)
AZ / TR: WM (1982)

Wöi mia mei Herzerl lacht

frisch

1. Wöi mia mei Her-zerl lacht, 's Schåt-zerl kummt heint aaf d'Nacht. Und wenn er kummt, mei Bou, gäiht's_ lus-tigh zou. Kummt er niat, grein i niat, liegt ma nix droa, borgt ma ja d'Nach-ba-re gern ih-ran Moa. Wenn's pech-rå(b)n-fin-za is, koa(n) ma nix seah, nix seah und koa(nn) a Schmåt-zl kröign, woiß niat va wer.[1]

2. Hurch, wöi's drunt klopfn tout! Hansl, du damperst[2] gout!
   Lou(ß) fei, wou willst denn zou, d' Wawa[3] in Rouh.
   Schau, jeder Fouhamoa[4] woiß, wöi a fiahrt.
   Du wennsd zum Moidl gäihst, 's Kammerl findst niat.
   Moußt a Stöigh aaffesteign, håust de vairrt, vairrt.
   Schauast du öfters nou, waar 's niat passiert.

WE: 1 = von wem, 2 = pochen, 3 = Barbara. 4 = Fuhrmann
GP: Christl Schemm, Arzberg (Wunsiedel)
AZ/TR: AE (1972)

in: Brosch: Der Liederschatz des Egerlandes, Nr. 315

Åber a Wåldbua bin i

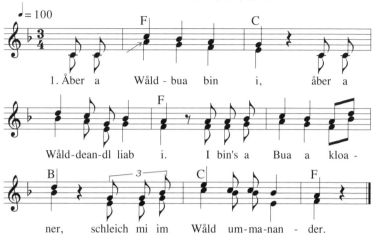

1. Åber a Wåld - bua bin i, åber a
Wåld-dean-dl liab i. I bin's a Bua a kloa -
ner, schleich mi im Wåld um-ma-nan - der.

2. Åber Deanderl, sei gscheit, liab an Buam, der di gfreit.
Liab an Buam mit aran Geld, håst a Freid auf der Welt.

3. Åber Deanderl, geh, geh, e da Fruah an Kaffee,
a Mittåg sauerne Ruabn[1] und auf d'Nacht an schöin Buam.

4. Åber Deanderl, dei Jugend, deine Keuschheit, deine Tugend,
deine schöne Manier håt mi herg'führt zu dir.

WE: 1 = ursprünglich „Lu'l" = Nudeln
GP: Unterstimme Ludwig Wendt, Schrenkenthal / Lohberg (Cham)
AZ: WM (1991), TR: Franz Schötz

in: Lehrgangsheft 18. Ndb. Herbsttreffen Lam (1991), S. 1

Guat Nacht, ihr Musikantn,
guat Nacht, ihr Wirtsleit,
guat Nacht, ihr schöina Moidla,
bei eich hätt's mi gfreit. Prost.

GIGL, GEIGL, NO A SEIDL

Annamirl, håst an Franz gern?

(Die ålte Schwieger)

1. "An - na - mi - rl, håst an Franz gern?" sagt de ål - te Schwie -ger. "Ja, i hå(b) nan gern, werd scho glei wås wer(d)n," sagt de An - na - mi - rl wie - der.

2. „Ez[1] habts ja koa Bett niat", sagt de ålte Schwieger.
   „Zwoa Strouhsäck, des is aa(r)a Bett", sagt de Annamirl wieder.

3. „Ez habts ja koa Haus niat", sagt de ålte Schwieger.
   „Vo der hintern Schupfa kannst as vürazupfa", sagt de Annamirl wieder.

4. „Ez habts ja koa Geld niat", sagt de ålte Schwieger.
   „Kratz nou du oans zamm, wer(d)n ma glei oans ham", sagt de Annamirl wieder.

5. „Oitz wüll e mi glei hänga", sagt de ålte Schwieger.
   „Ja, dou håst an Strick, häng de aaf damit", sagt de Annamirl wieder.

6. „Naa, i wüll mi nu niat hänga", sagt de ålte Schwieger.
   „Hå(b) mas glei schou denkt, dass d' di nu niat henkst", sagt de Annamirl wieder.

7. „Des is doch zum Verzweifln", sagt de ålte Schwieger.
   „Ja, verzweifl, alter Teifl", sagt de Annamirl wieder.

WE: 1 = alte Bezeichnung für Ihr (Dual)
GP: Roswitha Wittmann, Seubersdorf (Neumarkt)
AZ / TR: AE (2011)

A Jåhr is's scho her

('s Uhrkastl)

1. A Jåhr is's scho her, daß beim Da-chau-er - wirt an
Öst-reich-sol - dat_ war ei-ne-quar - tiert. Der Herr wär net
z'wi-der, 's Quar - tier wär net schlecht und z'Es-sn und
z'Trin-ga kriagt er gråd, wås er mächt. Und mächt.

2. A Deandal is då, de eahm eischenka tuat,
recht sauber und g'müatlich, drum gfallts eahm so guat.
Er schmaazt glei mit ihr und erzählt ihr allerhand,
|: drauf nimmt er's a bisserl und stolz bei der Hand. :|

3. 's Deandal gibt eahm a Druckerl: „Geh schaug a weng um,
gib Obacht, der Vatter sitzt draußt in der Stub'n."
Drauf geht sie ins Bett, der Soldat schleicht sich nach,
|: und schwups is er drobn gwen bei ihr unterm Dach. :|

4. Jetz teans hålt einander a Zeitlang a weng schee,
daweil hörn's ebban¹ staad über d'Stiang aaffa geh.
's Deandal sågt: „'s is der Vatter, konn's sunst neamad sei,
|: geh, schleich di nur g'schwind ins Uhrkasterl nei!" :|

5. Der Vatter sehgt's glei, dass sei Uhr nimmer geht.
„Wås håt denn de Krautuhr, weil's ållaweil steht?"
's Deandal redt sich auf d'Katz aus, kommt öfters heraus.
|: „Geh nur zua und geh åbe, i ziahg's dann scho auf." :|

6. „Åber 's Schlissal tua her, nacha wer(d)n mia's aufziahng,
   des Katzerl, des Luader, des wer(d)n mia scho kriang.
   Des Luader, weil's ållweil am Bod'n is herobn,
   I: und mi fressn d'Mäus zsamm, då drunt in der Stub'n." :I

7. Jetz nimmt er hålt 's Schlissal und spia(rr)t auf schee staad,
   weil er glaubt, dass eahm 's Katzerl sunst auskemma taat.
   Und wia er aufg'spia(rr)t håt, då geht's anders drin zua,
   I: då is statt der Katz drin am Deandal sei Bua. :I

WE: 1 = jemand
GP: Therese Klimmer, Busmannsried bei Regen (Regen)
AZ / TR: Hans und Roland Pongratz (1992)

Balzt der Goaßbock mit der Sau,
sieht er meist nicht mehr genau.

Moidl, wennsd übers Gassl gäihst

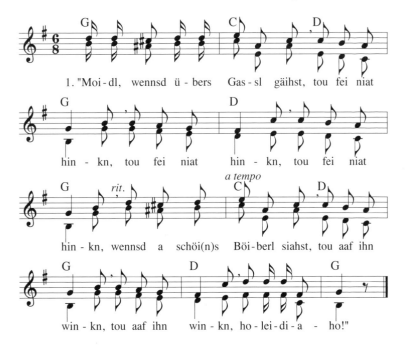

1. "Moi-dl, wennsd ü-bers Gas-sl gäihst, tou fei niat hin-kn, tou fei niat hin-kn, tou fei niat hin-kn, wennsd a schöi(n)s Böi-berl siahst, tou aaf ihn win-kn, tou aaf ihn win-kn, ho-lei-di-a-ho!"

2. „Wink aaf ihn, schrei aaf ihn, |: tou aaf ihn lachn, :| 3x
   wenn er zum Fenster kummt, |: moußt'n aafmachn", :| 2x,
   ho – lei-di – a – ho!

3. „Mouder, 's is a Böiberl draaß, |: wås soll i måchn?" :| 3x
   „Stäih near aaf, lou nan ei(n), |: lou'n bei dir wachn", :| 2x,
   ho – lei-di – a – ho!

4. „Nimm nan bei seine Händ, |: legh nan schöi(n) nieder, :| 3x
   wenns d'n reat[1] z'Gfalln sa wirst, |: kummt er bal(d) wieder", :| 2x,
   ho – lei-di – a – ho!

5. „Wenn's Moiderl gschmåch[2] tou(n) wollt, |: täit er entlaaffn. :| 3x
   Heintzutågh will koa Bou |: d'Katz in Sook kaaffn", :| 2x,
   ho – lei-di – a – ho!

6. „Mouder, wenn's niat sua waa(r), |: des täit mi reia, :| 3x
   heint håb i a Böiberl ghatt: |: ei, der koa(n) as Freia", :| 2x,
   ho – lei-di – a – ho!

WE: 1 = recht, 2 = geziert, heikel

in: Alois Bergmann: Liederbuch der Egerländer, 90

Gigl, geigl, no a Seidl

Ja, weil 's schwoazaugat is

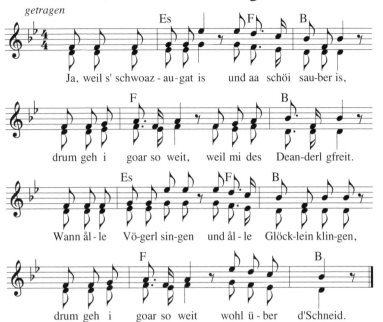

getragen

Ja, weil s' schwoaz-au-gat is   und aa schöi sau-ber is,

drum geh i   goar so weit,   weil mi des   Dean-derl gfreit.

Wann ål-le   Vö-gerl sin-gen   und ål-le   Glöck-lein klin-gen,

drum geh i   goar so weit   wohl ü-ber   d'Schneid.

GP: Julius Sappé, Waldsassen (Tirschenreuth)
AZ / TR: AE (2006)
Melodie vgl. „Gäih i schöi staad über d'Wies"
in: Eichenseer: Heit bin i wieder kreizfidel, S. 173

In meinem Zimmer hängt a Uhr

Marsch-Tempo

1. In mei-nem Zim-mer hängt a Uhr, die braucht a-
mål a Re-pra-tur, und mei-ne Frau, die ist so
blöd, ja weil's die Uhr beim Auf-ziehn meis-tens ü-ber-
dreht. Da-rum bat ich ei-nen jun-gen Mann,
der des ver-steht und der 's gut kann, weil ich so
viel auf Rei-sen bin, kann ich die Uhr nicht selbst auf-
ziehn. Ja bit-te, woll'n Sie mei-ner Frau ein-mal die
Uhr auf-ziehn, wenn ich auf Rei-sen bin! A-ber

GIGL, GEIGL, NO A SEIDL

Vor-sicht bit-te-schön, im-mer lang-sam muß es geh'n, sonst geht

schließ-lich was ka-putt, dann bleibt sie stehn! A-ber

Vor-sicht bit-te-schön, im-mer lang-sam muß es gehn, sonst geht

schließ-lich was ka-putt, dann bleibt sie stehn!

2. Eines Abends kehrt ich spät zurück,
   mein Frauchen strahlt nach Liebesglück.
   Wir machten unsre Läden zu,
   und waren gleich in süßer Ruh.
   Auf einmal klopft's, ich war empört,
   was uns halt nun im Schlafe stört!
   Ich hört a Stimme: „Oh pardon!
   Sie kennen mich ja schon!
   Denn ich wollte Ihrer Frau
   nur mal die Uhr aufziehn,
   weil Sie auf Reisen sind.
   |: Doch jetzt drück ich mich geschwind,
   weil ich Sie zu Hause find,
   und komm wieder mal,
   wenn Sie auf Reisen sind". :|

3. Die Störung dann, in jener Nacht,
   hat mich so furchtbar aufgebracht!
   Damit's nicht mehr vorkommen kann,
   so bat ich gleich den jungen Mann:
   „Ich danke Ihnen, werter Herr,
   für Ihre Freundlichkeit gar sehr.
   Verzichte gern auf alle Zeit,
   für Ihre Liebenswürdigkeit!
   Denn ich kann ja meiner Frau
   jetzt selbst die Uhr aufziehn;
   und wenn verreist ich bin,
   |: brauchen Sie nicht nachzusehn!
   Wenn sie geht auch nicht mehr schön,
   bleibt sie eben, bis ich wiederkomme,
   stehn!" :|

GP: Wolfgang Kraus, Boxdorf / Erbendorf (Tirschenreuth)
AZ: WM (1998)

in: Schötz / Wax: Singen im Tirschenreuther Land, S. 100f.

Du herzensscheens Schåtzerl

Und wer sein Handwerk gut versteht
(Der Pfannenflicker)

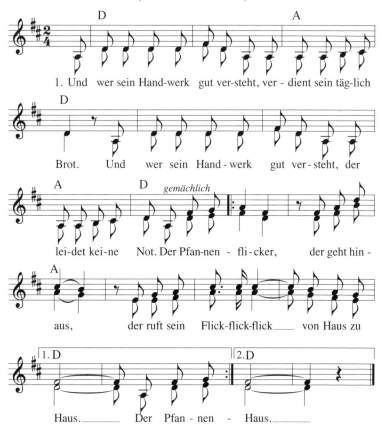

1. Und wer sein Hand-werk gut ver-steht, ver - dient sein täg-lich Brot. Und wer sein Hand - werk gut ver - steht, der lei-det kei-ne Not. Der Pfan-nen - fli - cker, der geht hin - aus, der ruft sein Flick-flick-flick___ von Haus zu Haus.___ Der Pfan - nen - Haus.___

2. Da kam er vor ein schönes Haus,
   eine Jungfrau schaut heraus.
   Da kam er vor ein schönes Haus,
   eine Jungfrau schaut heraus.
   |:„Ei, Pfannenflicker, komm doch herein!
   Es wird ja sicher was zu flicken sein. :|

3. Da gab sie ihm ein Pfännelein,
   das Pfännlein war nicht groß.
   Und mitten drin ein Löchelein
   so groß wie eine Nuss.
   |: „Ei, Pfannenflicker, gib ja gut acht,
   dass du das Löchelein nicht größer machst!" :|

4. Und als das Pfännlein fertig war,
   das Löchlein war geflickt.
   Da hat sie ihm ein Silberstück
   in seine Hand gedrückt.
   |: Der Pfannenflicker, der schwenkt sein'n Hut.
   „Ade, ade, Mamsell, die Pfann' ist gut!" :|

5. Nach kaum dreiviertel Jahren schon,
   da brach die Pfann' entzwei.
   Da schrieb sie ihm ein Briefelein
   so innig und so treu:
   |: „O, Pfannenflicker, komm doch zurück!
   Du hast die Pfann' bei Nacht nicht gut geflickt." :|

GP: Hans Pecher, Neudek (Erzgebirge), später Tirschenreuth (Tirschenreuth)
AZ: HK (2004), TR: AE

in: Kreger: Tirschenreuther Liedermappe 9 (2004), Nr. 13

Ähnlich in Brednich: Erotische Lieder, S. 116f.

Variante 1:

1. Und wer sein Handwerk recht versteht,
   der leid't aa goar koa Nout.
   Und wer des Pfannaflicker guat versteht,
   håt alle Tågh sei Brout.
   |: Schreit „Pfannaflicker" von Haus zu Haus,
   schreit „Pfanna flick, flick, flick", macht sich nix draus. :|

2. Und wia(r)a kimmt zon Nachbarn Haus,
   de Baierin steht heraußt.
   Sie winkt aam[1] Pfannaflickermo:
   „Kimm einer in mei Haus!
   |: Ja, Pfannaflicker, so geh hålt rei(n),
   es wird für di scho wås zum Flicka sei(n)!" :|

3. Sie håt eahm bråcht a Pfanndl kloa,
   des is ganz schwoarz von Rouß,
   des Pfanndl håt aa Löcher kloa,
   gråd wia an Ochsenfuaß.
   |: „Ja, Pfannaflicker, gell, gib fei Acht,
   dass du des Loch, Loch, Loch net gräißer machst!" :|

4. Und wia(r)er nacha fertig war
   und 's Pfanndl håt aa gflickt,
   na håts eahm hålt a Silberstück
   in seine Händ eidruckt.
   |: Der Pfannaflicker, der schwingt sein Huat.
   „Pfiat di Gott, mei Bäuerin, des Gflick woar guat!" :|

WE: 1 = dem
GP: Jackl und Rosa Himmelstoß, Sulzbach a. d. Donau / Donaustauf (Regensburg)
AZ / TR: AE (1990)

Variante 2:

1. In Bayern wurd' ich arbeitslos,
   da zog ich um die Welt.
   Als Wannenflicker zog ich hinaus, hinaus
   und flickte Wannen, Wannen, Wannen von Haus zu Haus.

2. Einst kam ich an ein kleines Haus,
   ein Madel schaut heraus.
   |: „O, Wannenflicker, komm doch herein, herein,
   hier wird so manches kleine Loch zu flicken sein." :|

3. Sie zeigte ihm ein kleines Loch,
   das war so schwarz wie Pech.
   |: „O, Wannenflicker, nimm dich in acht, in acht,
   dass du das kleine schwarze Loch nicht größer machst!" :|

4. Und als er damit fertig war,
   die Arbeit war getan.
   |: Der Wannenflicker zog seinen Hut, ja Hut
   und sprach: „Ole, ole, ole, der Flick war gut. :|

GP: unbekannte Soldaten in Weiden (Weiden)
AZ / TR: HK (1969)

GIGL, GEIGL, NO A SEIDL

Geh, du mei liabs Dianderl
('s Laternderl)

1. "Geh, du mei liabs Dian-derl, leih mir dei La-
tern! Es is scho båld fins-ter, ma siahgt går koan
Stern. Geh, tua ma's gråd leihn! Es
g'schieht dir nix dran." " 's La - tern - derl is
mein und geht koan Men - schen wås an."

2. „O mei, Bua, wås denkst du von meiner Latern!
   Die brauch i allweil selber, kann's niemals entbehrn.
   Und sehgat des mei Mutter und mei Vatter vo fern,
   |: so hoaßat's glei: Flietscherl[1], ja, wo håst dei Latern?" :|

3. „Mach net so viel Gschichtn mit deiner Latern!
   Mei(n) Nachbarin dahoam, de leiht ma's recht gern.
   Willst du sie mir net leihn, so laßt as halt bleibn.
   |: Ich pfeif aufs Laternderl, denn dann fehlt dir koa Schein." :|

4. „Was soll i denn machn? I weiß mir koan Rat.
   Zum Schluss wird's ma spindig[2] und geht ma kaputt."
   „So nimmsd halt 's Laternderl, gib aber guat acht,
   |: denn wenns erst kaputt is, dann wird's nie wieder gmacht." :|

WE: 1 = leichtes Mädchen, 2 = altbacken
GP: Ernst Fink, Neudek (Erzgebirge), später Marktleuthen (Wunsiedel)
AZ: HK (2003), TR: AE

Wenn ich des Morgens früh aufstehe
(Der Schornsteinfeger)

1. Wenn ich des Mor-gens früh auf-ste-he, sim-se-rim, sim-sim, ich mit mei-nem Be-sen ge-he sim-se-rim, sim-sim, dreh ich al-les kreuz und quer, tra-di-ri-di-rul-la-la, ob mein Be-sen rich-tig wär, ha, hi, hom.

2. Und hab ich ihn für gut befunden, simserim sim sim,
   wird das Mundtuch umgebunden, simserim sim sim,
   |: und das Eisen draufgelegt, tradiri di rullala,
   dann wird der Kamin gefegt, ha hi hom. :|

3. Und komm ich vor die Klostermauer, simserim sim sim,
   mit dem Pickel und der Hauer, simserim sim sim.
   |: „Freuet euch, ihr Klostermädchen, tradiri di rullala,
   heute wird bei euch gefeget, ha hi hom. :|

4. Und zerscht kommt d'Schwester Klara dran, simserim sim sim,
   Ines und Cicilia (sic!), simserim sim sim.
   |: Und wie sie auch alle heißen, tradiri di rullala,
   foahr ich nei mit meinem Eisen, ha hi hom. :|

5. Und z'letzt kummt schou a ganz an Alte, simserim sim sim,
   döi håut schou a Eisigkalte, simserim sim sim.
   |: As Zugloch woar mit Schnee bestreit[1], tradiri di rullala,
   dou håut mi mei Besn g'reit[2], ha hi hom. :|

WE: 1 = bestreut, 2 = gereut
GP: Gerhard Bayer, vulgo Bayerischer Johann, Oed / Weigendorf (Amberg-Sulzbach)
AZ / TR: AE (2006)

6. Jetzt wolln wir das Lied beschließen, tschingering gang ging,
   und das Loch mit Blei ausgießen, tschingaring gang ging,
   dass die Alt konn nimmermehr, tradiri di rullala,
   halt die Hutschate, Butschate her, hetsch bum aha.

GP: Hermann Süß, vulgo Kaiser Hermann, Fuchsberg / Teunz (Schwandorf)
AZ / TR: AE (2011)

Variante:

1. Wenn ich in der Früh aufstehe
   und an meine Arbeit gehe,
   schau ich hin und schau ich her,
   ob da was zu fegen wär.

2. Geh ich dann die Treppe rauf,
   ist die erste Maid schon auf.
   „Junger Mann, sind Sie schon hier,
   fegen Sie zuerst bei mir!"

3. Geh ich dann die Treppe runter,
   ist die zweite Maid schon munter.
   Der ihr Loch war so verrußt,
   dass ich zweimal fegen musst.

4. Mit dem Besen auf der Lauer
   schleich ich um die Klostermauer.
   „Klosterfrauen, hütet euch,
   morgen wird gefegt bei euch!"

5. Doch Frau Obrin war sehr eigen,
   ließ sich gleich den Besen zeigen,
   schob ihn dann mit eigner Hand
   hinein in das gelobte Land.

6. Neulich hatt' ich ein Alte,
   die hatt' eine eiseskalte
   Ofentür mit Schnee bestreut.
   Tat mir da mein Besen leid.

7. Neulich war ich in der Schweiz,
   das hat sein' besondren Reiz.
   Auf der Jungfrau war's so schön,
   wollt nicht mehr herunter geh'n.

8. Abends dann ins Bett ich steige
   und dann meine Alte geige.
   „Oh, wie jubelt da die Braut,
   wenn der Sack vor's Arschloch haut.

9. Die Moral von der Geschicht:
   Schornsteinfeger werde nicht!
   Denn vom vielen Rein und Raus
   fallen dir die Haare aus.

Diese schriftdeutsche Version ist weit verbreitet. Sie befindet sich in der Liedersammlung
von Gerhard Bayer, Oed / Weigendorf (Amberg-Sulzbach), der sie aber öffentlich nicht gerne
singt.
s.a. „Wenn ich morgens früh aufstehe" in Traut: Hallodri, S. 177

Ich bin der lustige Bürstnmann

gemächlich

1. Ich bin der lu-stige Bür-stn-mann, der al-le Bür-stn
ma-chen kann. Wer Bür-stn braucht, der kommt zu mir,
dem stell ich al-le mei-ne Bür-stn vür.

Refrain:
Konn i na-chand nim-mer tschoms-dri-o-li-hå, tschoms-dri-o-
li-hi-hå, tschoms-dri-o-li-hå, konn i na-chand nim-mer
tschoms-dri-o-li-hå, tschoms-dri-o-li-hi-ha-hå.

2. Und wöi i kumm aafn Markt dou ei,
   håb i glaubt, dort wer(d)n Bürstn sei.
   Und a Weil drauf schaun aus jedem Haus
   fünf, sechs, siebn, acht, nei, zeah solche Bürstn raus.
   Konn i nachand nimmer …

3. Då kommt zu mir an ålte Frau.
   Sie sagt; „Mei Bürstn wird aa scho grau!"
   Sie sagt: „Mei Liaber, mit mir is's aus,
   mir fålln de ganzn Hoar aus der Bürstn raus!"
   Konn i nachand nimmer …

GP: Richard Böhm, Prommenhof (Egerland)
AZ/TR: WM (1981)

in: Schötz/Wax: Singen im Tirschenreuther Land, 56f.

Beim Vertriebenentreffen 1981 in Mähring aufgenommen.

Håb i niat an schöina Wetzstoi

WE: 1 = Höhe, 2 = Vierblattklee

GP: Helmut Zwack, vulgo Kurzmaul, Fuchsberg/Teunz (Schwandorf)
AZ/TR: AE (2011)

Wenn i in der Fröih aafstäih

(s' Denglstöckl)

♩ = 144 *ruhiges Walzertempo*

1. Wenn i in der Fröih aaf-stäih und zu mein Den-gl-stö-ckl gäih, den-gl i hålt al-la-weil der Bäu-ri' de ih-ra vorn-ei.

2. Bäu-ri', die lurt mi' sua, weil i schöi den-gln tua, weil i's hålt bes-ser koa als wöi ih-rer Moa.

3. 's Köihmoidl im Ståll, im Ståll sagt: „Dengl mi aa(r) amål,
   dengl mi åber lin(d)[2] und fein, sunst kröigst oine ei(n)."

4. D'Köchin am Herd, am Herd sågt: „Bin i nix mäiher[3] wert?
   Bi scho niat å(b)g'denglt wor(d)n, dass si's bål(d) jährt!"

5. D' Wawa[4] aaf der Lå(d)n[5], aaf der Lå(d)n sågt: „Soll i nix mäiher håm?
   Wennts mi niat dengln wöllts, touts mi begråbn!"

6. „Kumm kaam umadum, umadum. Wenn i mit oiner firti bin,
   wårt scho an an(d)ere draaf, hålt ma 's Maal hi(n)."

7. „Mit dem Scheiß-Denglspiel wackelt mei Hammerstül.
   Scheiß in des Dengln ei(n), dengl, wer wüll."

WE: 1 = lauert, 2 = weich, 3 = mehr, 4 = Großmutter, 5 = bemalte Hochzeitstruhe
GP: 1. und 7. Str.: Josef Weiß, Großkonreuth / Mähring (Tirschenreuth),
AZ / TR: WM (1981)

in: Register- und Beispielsammlung zu den Forschungsexkursionen des IfV in die Oberpfalz
(1981), S. 133.

Variante:

„Wenn i fröih üban Huaf assigäih"

in: Brosch: Der Liederschatz des Egerlandes, Nr. 356.
Wegen der erotischen Andeutung hat Josef Hofmann diesen Text gereinigt und umgedichtet.
Er verwendet anstelle von „dengeln" das Wort „schmatzen", was Albert Brosch verurteilt.

Weitere Strophe:

8. De kloi Moad sitzt unter der Bänk, håut ihra dickn Boa(n) in der Händ.
   Schaut se ihra Denglzeigh oa, ja, des is nu z'kloa.

GP: Engelbert Süß, Mitterteich, später Untersteinbach / Pfreimd (Schwandorf),
AZ / TR: AE (2011)
Bekanntes Lied vom Denglstöckl, aber mit anderer Melodie.

Es wollte ein Binderg'sell reisen

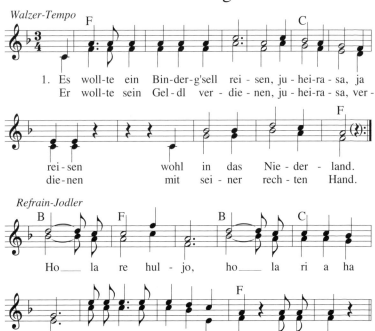

Walzer-Tempo

1. Es woll-te ein Bin-der-g'sell rei - sen, ju - hei-ra - sa, ja
   Er woll-te sein Gel - dl ver - die - nen, ju - hei-ra - sa, ver -

   rei - sen wohl in das Nie - der - land.
   die-nen mit sei - ner rech - ten Hand.

Refrain-Jodler

Ho___ la re hul - jo, ho___ la ri a ha

ho, ho-li - o di ria dum dei djo - o - der wås!

2. Und als der Binder ins Niederland kam, juheirasa, ja kam,
   d'Frau Wirtin steht hiner der Tür.
   „Frau Wirtin, san S' net herinnen, juheirasa, ja herinnen,
   a neuer Faßbinder is hier." Holare …

3. Und 's Ku-chl-ma - dl draußt in der Ku - chl, ju -

hei - ra - sa, ja Ku - chl hätt' aa mi(t)n

Bin - der wås z'toa! Då muaß i glei aus - se in

Ku - chl, ju - hei - ra - sa, ja Ku - chl,

wås werd' in der Ku - chl draußt sei? Då

muaß i a Rei - ferl o - treib'm!

Es folgt der Refrain-Jodler.

4. Und 's Kellermadl druntn im Keller, juheirasa, im Keller,
hätt aa(r)a Fassl, a kloans.
Då muaß e glei åbi in Keller, juheirasa, in Keller,
wås wird denn im Keller drunt sei? Holare …

5. Und 's Töchterl in jungen Jahren, juheirasa, ja Jahren,
wollt auch verbunden sein.
I bind ihrs glei her um an Sieb'ma[1], juheirasa, ja Sieb'ma,
sie håt ma glei drei Kreuzer[2] gebn,
ja weil i 's halt bindn håb mögn. Holare …

WE: 1 = größere Geldmünze, 2 = kleinere Geldmünze
GP: Xander Wandinger / Franz Schötz, Zwiesel (Regen)
AZ / TR: Evi Heigl (ca. 1990)
s. auch „Es wollte ein Binder wohl reisen" in Brednich: Das erotische Lied, S. 74f. und Hs.
Liederheft Gesa Folkerts Nr. 5 (2000), S. 50

Ich war ein Jüngling

ruhig, frei im Rhythmus

1. Ich war ein Jüng-ling in lo-cki-gem Haar, mein I - de-
Gei-gen, ach Gei-gen hört ich so gern, gei - gen, ach

al nur die Gei - ge stets war.
gei-gen möcht ich er - lern'! Und als ich vom

Gei - gen ge - nü - gend ver - stand, ich am The -

a - ter gleich An - stel-lung fand. Da geig-te ich

O - per, so zärt-lich und schön, vor Won-ne ver -

ging mir fast Hö-ren und Sehn. Zum Bei-spiel die Wei-ße

Tau - be, die geigt ich fa - mos, die geigt ich vom
Or-leans braucht No - ten ich nie, die geigt ich jede

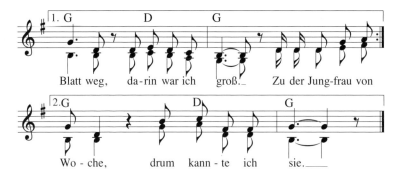

Blatt weg, da-rin war ich groß._ Zu der Jung-frau von

Wo - che, drum kann - te ich sie._

2. Als ich verdiente mir schönes Geld,
   und mir so einsam ja vorkam die Welt,
   nahm ein Weibchen mir gleich sodann,
   sie war sehr schön, kurz: alles war dran.
   Und als ich am Morgen zur Probe wollt gehn,
   umschlang sie mich zärtlich und fing an zu flehn:
   „Ach, bleibe bei mir und geige zu Haus!"
   Sie holte mir schleunigst die Geige heraus.
   Ich fing an zu streichen so mild und so weich,
   das tat ihr sehr gut, das bemerkte ich gleich.
   |: Ich geigte wie Feuer, ich geigte wie dumm,
   die Saiten, die flogen in der Nachbarschaft rum. :|

3. Und alles wird anders, jetzt sind wir schon alt
   und meine Geige, die lässt mich jetzt kalt.
   Alles wird wacklig, sie und auch ich,
   eins lässt das andre beim Geigen im Stich.
   Ich geigte im Theater, ich geigte zu Haus,
   und wo ich gegeigt hab', da fand ich Applaus.
   Ich geigt' voll Feuer, ich geigte voll Glut,
   und weit und breit geigte kein zweiter so gut.
   Doch will ich jetzt geigen, die Gschicht wird mir z'dumm,
   da fiel mir beim ersten Striche der Bogen schon um.
   |: Der Bogen ist schlapprig, das Kollophonium ist hin,
   und in der alten Geige ist kein Boden mehr drin. :|

GP: Georg Fenzl, vulgo Scherbauer, Paulusbrunn (Egerland), später Tirschenreuth
(Tirschenreuth)
AZ/TR: AE (1995)

in: Schötz/Wax: Singen im Tirschenreuther Land, 160

Variante:

1. Ich war ein Jüngling mit lockigem Haar,
   mein einziger Wunsch eine Geige stets war.
   Ich liebte das Geigen, ich geigte so gern,
   daran hab ich Freude, ich mußt es erlern'.
   Und als ich vom Geigen genügend verstand,
   ich gleich beim Theater Anstellung fand.
   Da geigte ich Opern in Dur und in Moll,
   und mein Pizzikato, das war wundervoll.
   Die Jungfrau von Orlean, die geigt' ich im Steh'n
   und ganz ohne Noten, ei, das fand sie schön.
   |: Und die weiße Dame, die geigte ich keck,
   gleich bei der Premiere vom Notenblatt weg. :|

2. Als Geiger da hatte ich sehr viel zu tun,
   war ständig auf Reisen und wollte nicht ruhn.
   Doch alles wird anders, man wird einmal alt,
   und selbst meine Geige, die läßt mich nun kalt.
   Will ich heut einmal geigen, ach, es ist doch zu dumm,
   beim ersten Strich fällt mir der Steg immer um.
   Der Bogen ist wacklig, 's Kolophonium ist hin,
   und in meiner Geige sind die Spinnweben drin.
   Einst geigt' ich mit Feuer, mit Schwung und mit Glut,
   ja, weit und breit geigte kein zweiter so gut.
   |: Heut' spiel' ich mit zitternden Fingern dran rum
   und mache nur abends noch manchmal blim blum. :|

GP: Gerhard Bayer, Oed / Weigendorf (Amberg-Sulzbach)
AZ / TR: AE (1995)

Trink, dann wachst dei Ding!
Trink du aa, dann wachst deins aa!

Krumme Beine kann sie haben

(Aber schön muß sie sein)

1. Krum-me Bei-ne kann sie ha-ben, a-ber schön muß sie sein, schön muß sie sein, schön muß sie sein. Krum-me Bei-ne kann sie ha-ben, a-ber schön muß sie sein, schön, a-ber schön muß sie sein.

Vorrede:
„Alle Damen aufgepasst, die Chance des Lebens!
Unser … geht auf Brautschau!
Da er gestern bei einer Sauferei sein Gebiss verloren hat,
stellt er auch keine hohen Ansprüche mehr.
Hauptsache ist: (singen ohne Zähne) „Schön muss sie sein."

2. Schwarze Füße kann sie haben, aber …

Zwischenspiel

3. A grouße Nås'n kann sie haben, aber …

4. Hundert Kilo kann sie wiegen, aber …

Zwischenspiel

5. An groußn Arsch kann sie haben, aber …

6. Ja, ein bisschen darf sie stinken, aber …

Weitere Strophen können noch individuell dazu gedichtet werden.
GP: Schwarz-Buam, Wolfsegg (Regensburg)
AZ / TR: AE (2012)

Einst ging ich in die Stadt hinein

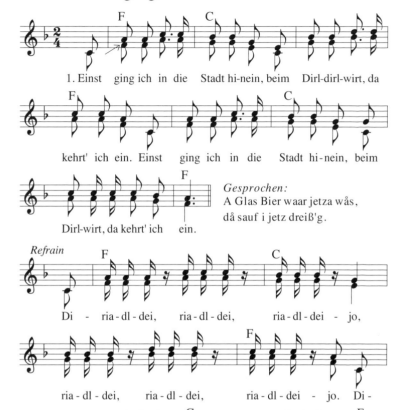

1. Einst ging ich in die Stadt hi-nein, beim Dirl-dirl-wirt, da
kehrt' ich ein. Einst ging ich in die Stadt hi-nein, beim
Dirl-wirt, da kehrt' ich ein.

Gesprochen:
A Glas Bier waar jetza wås,
då sauf i jetz dreiß'g.

Refrain
Di - ria - dl - dei, ria - dl - dei, ria - dl - dei - jo,
ria - dl - dei, ria - dl - dei, ria - dl - dei - jo. Di -
ria-dl-dei, ria-dl-dei, ria-dl-dei - jo, hui-di-ri - a - ho.

2. Sie führt' mich vor ein großes Haus,
   zwei, drei Stiegen då ging's hinauf.
   Sie führt' mich vor ein großes Haus,
   zwei, drei Stieg'n ging's nauf.
   gesprochen: Hearst du, aaf wås ghörn de viel'n Kanapee?
                    Daß's a wen'g besser geht.
   Des Riadldei …

3. Då legt sie sich aufs Kanapee,
   hebt hålt ihre Röck auf d'Höh.
   Då legt sie sich aufs Kanapee,
   hebt die Röck auf d'Höh.
   gesprochen: Jetzt geht's besser.
   Des Riadldei …

4. Und als die ganze G'schicht war aus,
   wollt i hålt vom Fenster raus.
   Und als die ganze G'schicht war aus,
   wollt i hålt hinaus.
   gesprochen: He du! Glaubst, des geht umasunst?
   Des Riadldei …

5. Und als ich kumm nach Haus,
   då schaut der Våder zum Fenster raus.
   Und als ich kumm nach Haus,
   schaut der Våder heraus.
   gesprochen: Sehgst'n då kumma, den Lumpn,
                     ohne Steckn, ohne Rock, ohne Huat.
                     Alls zwengs dera verfluachtn
   Diriadldei …

6. Mei Muatter macht ma(r)a große Lehr':
   „Såg, Bua, des tuast ma nimmer mehr!"
   Mei Muatter måcht ma(r)a große Lehr,
   sågt: „Bua, des tuat ma nimmermehr!"
   gesprochen: Schau her, Bua, um dein Steckn,
                     um dein Rock, um dein Huat.
                     Und alls zwengs dera verfluachtn
   Diriadldei …

GP: Anton Schröpfer, Nimforgut (Böhmerwald), später Untergrafenried / Waldmünchen
    (Cham)
AZ / TR: Sepp Roider (1985)
in: Lehrgangsheft 9 (1994), S. 31

Es war amål a Müllerin

Marschtempo

1. Es war a - mål a Mül - le - rin, ein wun-der-schö-nes

Weib. Und die wollt so ger - ne mah - len, das

Geld wollt sie er - spa - ren, wollt sel - ber Mül - ler

sein,____ wollt sel - ber Mül - ler sein. Al - ler-weil

tschin-da, tschin-da, tschin-da, tschin-da, tschin-da-ra - la-la, tjuh,

1. tschin - da - ra - la - la, tjuh, tschin - da - ra - la - la,

2. tschin - da - ra - la - la,____ ju - he.

GIGL, GEIGL, NO A SEIDL

2. |: Und wöi der Müller ans Wirtshaus kummt, van Renga woar er nåß. :|
  „Stäih aaf, stäih aaf, du Stolze, mach mir a Feuer von Holze,
  |: van Renga bin i nåß." :|
  |: Allerweil ... :|

3. |: „I stäih niat aaf, lou(ß) di niat ein", sua sågt döi Müllare fein. :|
  „Ich hå(b) die Nacht gemåhln, mit mein schöiner junga Boum
  van Oubmd bis an Tåg, daß i niat aafstöih måg."
  |: Allerweil ... :|

4. |: „Stäihst du niat aaf, loußt mi niat ein", sua sagt der Müller fein, :|
  „tou ich döi Mühl vakaaffn, des Geld tou ich vasaaffn
  bei Bier und aa bei Wein, wo schöine Moidla sein."
  |: Allerweil ... :|

5. |: „Wenn du daa Mühl vakaaffn toust, des is ma eben recht. :|
  Dou draassn aaf der Heide, bau i mir eine neie,
  wo klares Wasser fließt und viel zu mahlen ist."
  |: Allerweil ... :|

GP: Alois Hofmann, Waldeck (Tirschenreuth)
AZ/TR: WM (1981)

in: Schötz/Wax: Das Liederbuch im Tirschenreuther Land, 152
Textvariante in Bergmann: Liederbuch der Egerländer, S. 186f.

Wurde oft beim Militär zum Marschieren gesungen.

Im Juni, Juli und August
da tu es nicht, wenn du nicht mußt.

Es war ein alter Mann

(Die Ruschl Buschl)

1. Es war ein al-ter Mann, der hatt' ein jun-ges
Weib, doch fand er kei-ne Cou-ra-ge mehr an ih-rem Un-ter-
leib. Wohl hin-ter dem O-fen, wohl hin-ter der
Tür, da sucht der al-te Schafs-kopf Cou-ra-ge bei ihr.

2. Und als das junge Weib zum Tanze wollte geh'n,
konnt' das der alte Schafskopf durchaus nicht mehr versteh'n.
„Wenn du willst zum Tanze, zum Tanze heut geh'n,
dann mußt du 's Rutschi Butscherle zu Hause lassen steh'n."

3. Was tat das junge Weib? Sie ging in' Garten raus
und fing dort eine flatternde Fledermaus.
Sie packt sie in ein Schächtel, ein Schächtelein hinein
und hielt's dem alten Schafskopf zum Fenster hinein.

4. Was tat der alte Mann? Er hob den Deckel auf,
da flog die Fledermaus ganz schnell zum Fenster wieder naus.
„O je, o je! Herr jemine, so ein Malheur!
Jetzt seh ich meine Rutschi Butscherle nimmer mehr!"

5. Und als das junge Weib vom Tanze wieder kam,
da fing der alte Schafskopf zu weinen wieder an.
„Was weinst du mein lieber, mein guter Mann?
Ich hab dir doch mein Leben lang zu leide nichts getan."

6. „Du hast mich nicht belogen, du hast mich nicht betrogen,
   doch ist mir deine Rutschi Butscherle zum Fenster rausgeflogen.
   O je, o je! Herr jemine, so ein Malheur!
   Jetzt seh ich meine Rutschi Butscherle nimmer mehr."

7. Was tat das junge Weib? Sie hob die Röcke auf
   und stieß den alten Schafskopf mit der Nase darauf.
   „Aha, oho, jetzt bin ich wieder froh,
   weil ich die kleine Rutschi Butscherle wieder hå(b)."

8. „Wer hätte das gedacht, wer hätt denn so was denkt,
   daß d' Rutschi Butscherle unten drunt am Unterleibe hängt!
   Wie schön, wie schön!", freut sich der Herr,
   „jetzt geb ich meine Rutschi Butscherle nie mehr her."

GP: Hans Pecher, Neudek (Erzgebirge), später Tirschenreuth (Tirschenreuth)
AZ: HK (1996), TR: AE

in: Kreger: Tirschenreuther Liedermappe 7 (2004), Nr. 23

s. auch „Das Rutschi Butscherle" in Brednich: Erotische Lieder, S. 66 mit 9 Strophen

Hast du Butter auf der Stulle,
kannst du rammeln wie ein Bulle.

Sauf, du alter Galgenschlängel

♩ = 96 *ruhig*

1. Sie: Sauf, du al-ter Gal-gen-schlän-gel, sau-fe, daß d' er-stickst da-ran!

Er: Bist schon wie-der da, mein En-gel, laß mich sau-fen, was ich kann.

Sie: Bist schon wie-der ster-nen-voll!

Er: Du, mei Wei-berl, du bist toll.

Sie: Bist schon wie-der, bist schon wie-der, bist schon wie-der ster-nen-voll!

Er: Du, mein Wei-berl, du mein Wei-berl, du mein Wei-berl, du bist toll!

2. Sie: Z'Haus hab ich zwei kleine Kinder, das eine krumm, das andere lahm.
Er: Wär' mir lieber ein Stall voll Rinder, dass ich sie versaufen kann.
Sie: Kinder schreien um ein Brot.
Er: Kauf ihnen Wecken, dann brauchen s' kein Brot.
Sie: Kinder schreien, Kinder schreien, Kinder schreien um ein Brot.
Er: Kauf ihnen Wecken, kauf ihnen Wecken, kauf ihnen Wecken,
         dann brauchen sie kein Brot.

                                                   Gigl, geigl, no a Seidl

3. Sie: Und die Schuldleut kommen täglich, laufen mir das Haus voll an.
   Er: Sag nur, Weiberl, ich bin b'soffen und das Geld nicht zahlen kann.
   Sie: Ist das nicht eine wahre Schand!
   Er: Du, mei Weiberl, du bist krank!

   Sie: Ist das nicht, ist das nicht, ist das nicht eine wahre Schand!
   Er: Du, mei Weiberl, du, mei Weiberl, du, mei Weiberl, du bist krank!

4. Sie: Und wann du im Rausch wirst sterben, wirst abfahren wie ein Schwein.
   Er: Wirst gar vieles von mir erben, wirst dadurch ein reiches Weib.
   Sie: Aber was vermachst du mir?
   Er: Eine alte Hose, eine alte Hose, eine alte Hose vermach ich dir.

   Sie: Aber was, aber was, aber was vermachst du mir?
   Er: Eine alte Hose, eine alte Hose vermach ich dir.

5. Sie: Deinen alt zerlumpten Fetzen, den kein Mensch mehr brauchen kann.
   Er: Weib, den musst du liebreich schätzen, denn er ist vom braven Mann.
   Sie: Wo willst du begraben sein?
   Er: In den Wirt sein' Keller hinein.

   Sie: Wo willst du, wo willst du, wo willst du begraben sein?
   Er: In den Wirt, in den Wirt, in den Wirt sein' Keller hinein.

6. Sie: Sag und sei zu mir mal ehrlich, warum in Wirt sein' Keller hinein?
   Er: Weil man frisches Bier kann haben von dem Zapfen ins Glas hinein.
   Sie: Herr, gib ihm die ew'ge Ruh!
   Er: Und a frische Maß Bier dazu!

   Sie: Herr, gib ihm, Herr, gib ihm, Herr, gib ihm die ew'ge Ruh!
   Er: Und a frische und a frische und a frische Maß dazu!

GP: Hans Reger, Anna Lukas, Waldeck (Tirschenreuth),
AZ/TR: WM (1981) IfV Tb. 156r/485-533

in: Register- und Beispielsammlung zu den Forschungsexkursionen des IfV in die Oberpfalz
1981, S. 29 und in Lehrgangsheft 7. OPf. Herbsttreffen Immenreuth (1992), S. 28f.

Ma Moa, wöi der nu liade woar

(Der Weiberstreit)

1. Sängerin:

Ma Moa, wöi der nu lia-de[1] woar, håut kin-na lu-ste sa(n). Öitz brummt er blouß tåg - aas, tåg-a(n) und saafft nu ua-ma - draa.[2] Ma Moa is öitz a möi-ßes G'stäih,[3] håut kin-na lu-ste sa(n). Öitz brummt er blouß nu ål-le Tågh und saafft nu um-ma - draa.

2. Sängerin:

Dou droa bist du blouß selber schuld. Ma håuts sua, wöi ma's zöigt.
A Moa, wou brummt und saaft und löigt, håut blouß z'weng Prügl kröigt.
Daa Moa is wirklich blouß a G'stäih, ma håut's so, wöi ma's zöigt,
A Moa, wou brummt und saaft und löigt, håut blouß z'weng Prügl kriagt.

1. Sängerin:

Du brauchst gråd ria(d)n, du alte Ziegh! Schau near dein Pölle[3] oa!
Der raucht und schnupft und modareint[4], stinkt hint aasse gråd oa.
Gäih zou mit dein Halt's Maal! und gäih, schau doch dein Pölle oa!
Der raucht und schnupft und modareint, stinkt aasse hint gråd oa.[5]

WE: 1 = ledig. 2 = steht unnütz im Weg, 3 = derber Bursche, 4 = riecht vermodert, 5 = hier
wurde auch gesungen: lou(ß)t stinkert Pfurz gråd oa, 6 = besonders, überaus
GP: Johann Götz, Kirchenbirk / Falkenau (Egerland), später Wiesau (Tirschenreuth)
AZ / TR: HK (1986)

Wurde früher bei der Egerländer Gmoi im Wechsel gesungen. Noten und Text wurden von
Johann Götz getrennt an HK übergeben.

Wia ma(r) i und mei Weiberl ghaust håm

langsam

1. Wia ma(r) i und mei Wei-berl ghaust håm, des
konn koa Mensch sågn. So ei - nig, so
fröh - lich als wia a Poar Taubn. Sie ver-
tuat da-hoam d'Ar-bat und i ver-sauf 's Geld, und so
håm ma a recht a scheens Lebn aaf der Welt.

2. Mei Weiberl und i san ma furt, san ma furtgroast in d'Fremd.
   Und so weit san ma kemma, håt uns neamad mehr kennt.
   Sie war voller Lumpn und mir d'Hosn z'weit,
   und då håm de Leit gsagt: „San zwoa recht raare Leit."

3. Mei Wei-berl is gstorbn, ...

3. Mei Weiberl is gstorbn, is ma heit no load drum.
   Und wås gaab i denn her, wenn i's wieder kunnt håm.
   Und wenn ma amål zammkemma in der Ewigkeit dro(b)n,
   nacha draah i ihr an Krågn no dreißgtausndmål um.

GP: Kurt Becher, München (München)
AZ/TR: Elfriede Pollety (o.J.)

in: Lehrgangsheft 10. Ndb./Opf. Herbsttreffen Kastell Windsor (1983), S. 3

Meine Frau, die geht in Seide

♩. = 60 *Walzertempo*

1. Mei - ne Frau, die geht in Sei - de und Samt, und ich bin zer - ris - sen, zer - schlampt! Sie wascht nix, sie flickt nix, sie taugt nix ins Haus, und s'He-mad hängt ma bei der Ho - sn he - raus! Oh je! raus!

2. Mit'n Liegn, då bin i aa net recht zfriedn,
   muaß de ganze Nacht am Seitnbrett liegn.
   |: Muaß liegn gråd wia der Hund,
   koa Deck is ma aa net vagunnt. :| O je!

3. Kloane Kinder, de håt ma hålt aa,
   de machan a saggarisch Gschroa.
   |: Muaß i aufsteh, muaß fei sei, muaß wiagn und muaß wiagn,
   auf d'Letzt no an Dutzl neischiabn. :| O je!

4. Drum, Buama, bleibts ledi und seids gscheit,
   is besser für d'Söi(l) und für'n Leib.
   |: Denn des Heiratn, des geht oft so schnöi(ll), so schnöi(ll),
   hernach sitzt ma drin in der Höi(ll) :| O je!

GP: Josef Müller, Haigrub / Perasdorf (Straubing-Bogen),
AZ / TR: WM (1993)

GIGL, GEIGL, NO A SEIDL

Ich hab zuhaus ein Weibchen

(Ja, mei Alte hat mich gern)

1. Ich hab zu-haus ein Weib-chen, das Weib-chen das hat mich. Ich lieb sie ganz al - lei-ne, an and-re denk ich nicht. Drum bleibt mir je - des Ma - dl auf hun-dert Schritt schon fern. Ja, ja, mei lie-be Al-te, ja, die hat mich so gern. Ja, die hat mich so gern.

2. Neili kam ich per Zufall ganz unverhofft nach Haus.
   Da sitzt bei ihr ein Mannsbild gemütlich grad beim Schmaus.
   Da schreit sie: „Dass du fortkommst! Ich will allein sein mit dem Herrn."
   |: Ja, ja, mei liebe Alte, ja, die hat mich so gern. :|

3. Wir haben schon acht Kinder und nächstens werdens neun.
   Da sagt i neili: „Mei Alte, jetzt wird's scho bald gemein!"
   Drauf sagt sie: „Sei froh, alt's Rindviech, wenn's diesmal nicht Zwilling wer(d)n!"
   |: Ja, ja, mei liebe Alte, ja, die hat mich so gern. :|

4. Wenn wir mitsammen essen, da schaut sie gleich auf mich.
   Mir gibt s' drei Teller Suppe, das Fleisch, das nimmt sie sich.
   Von der Nuss, da gibt's mir d'Schalen und frißt allein die Kern.
   |: Ja, ja, mei liebe Alte, ja, die hat mich so gern. :|

GP: Kapelle Adlhoch, Rattenberg (Straubing-Bogen)
AZ/TR: AE (2012)
Melodie: von AE neu unterlegt
in: Slg. Rosa Kienberger (deckelloses Heft)

Der alt' Wolfsegger

1. Der alt' Wolfs - eg - ger sitzt in ei - nem al - ten Wirts-haus

bei ei - nem al - ten Schnit-zel und an al - ten Wein.

Auf oa-mal kummt durch d'al-te Tür vom al - ten Wirts-haus

an al - te Frein-din aus der al - ten Zeit her - ein.

Es ist die al - te Fan-ny, sei - ne al - te Lie - be,

sei al - te Ho - sn kriagt so - fort an nei - en Bug.

Er denkt, wie wär's, wenn ich mei Al - te mal be - trü - ge,

die al - te Biss-gurn kummt erst mit dem letz-ten Bus.

GIGL, GEIGL, NO A SEIDL

2. Da sagt der alte Wolfsegger zu sei(n)m alten Madl:
   „Wir trinken auf die alte Freundschaft noch ein Wein.
   Dann setzt de auffe auf mei Stangerl vo meim Radl,
   dann fahrn wir beide in mein altes Bett hinein.
   Mei Alte is auf einer Wallfahrt in Altötting
   mit ihrer alten Tant', då wird es sicher spät."
   Sie zünden Kerzen an und die beiden schmusen,
   so wie's halt bei de Jungen, Jungen immer geht.

3. Und bald drauf warn die beiden Alten wia die Jungen,
   das alte Bett håt wie in altn Zeitn kracht.
   Die alten Federn ham ihr altes Lied gesungen,
   der alten Fanny håt das Herz im Leib gelacht.
   Und immer höher schlugen dann die alten Herzen,
   doch plötzlich traf den alten Wolfsegger – bums – der Schlag.
   Im alten Zimmer steht sei Alte mit der Kerzn,
   das kam, weil sie den frühern Bus genommen hat.

4. Dann lag der alte Wolfsegger da mit steifen Gliedern,
   doch mit den steifen Gliedern fangt er nix mehr an.
   Die beiden alten Weiber taten sich verbrüdern,
   dann riefen sie den alten Totengräber an.
   Der alt' Wolfsegger liegt jetzt auf dem alten Friedhof,
   träumt bis zum jüngsten Tag von seiner alten Braut.
   Und auf dem Grabstein da kann ein jeder lesen:
   „Er hat auf Gott und auf die RVV[2] vertraut." Ja, Ja

WE: 1= böses Weib, 2 = Regensburger Verkehrsverbund, Bus nach Wolfsegg
GP: Schwarz-Buam, Wolfsegg (Regensburg)
AZ/TR: AE (2012)
Beliebtes Vortragsstück der Schwarz-Buam nach einem alten Wiener Couplet

Mir traamt vo meine Ochsn,
mir traamt vo meine Kiah,
mir traamt vo meiner Altn,
vo wås Gscheitn traamt mir nia.

Scheene Maaderln, zuckersüaß

1. Schee-ne Maa-derln, zuk-ker-süaß, kur-ze Röck und

lan-ge Füaß, obn und un-tn, hint und vorn,

lu-stig san ma wor(d)n.

2. Ein schönes Mädchen ist nicht faul, machen tuat s' alls ganz genau,
   obn und untn, hint und vorn, lustig san ma wor(d)n.

3. Liebes Fräulein, woll'n S' das gleiche, mal das Harte und dann das Weiche,
   obn und untn, hint und vorn, lustig san ma wor(d)n.

4. Ja, das Weiche ist famos, es wird nur durch die Liebe groß,
   obn und untn, hint und vorn, lustig san ma wor(d)n.

5. Nur die Lieb allein, die Lieb allein lebt ja nur von einem Bein,
   obn und untn, hint und vorn, lustig san ma wor(d)n.

6. Bei seinm Dirnderl muaß der Bua hupfa bis in aller Fruah,
   obn und untn, hint und vorn, lustig san ma wor(d)n.

7. „Schiab nur a(n), mei liaber Bua, von dir kriag i heit net gnua",
   obn und untn, hint und vorn, lustig san ma wor(d)n.

8. „Mei liaber Bua", sagt die Kathi, „jetzt wirst du scho wieder Vati",
   obn und untn, hint und vorn, lustig san ma wor(d)n.

9. „Liabes Maderl", sagt der Bua, „von dir möcht i jetzt mei Ruah",
   obn und untn, hint und vorn, lustig san ma wor(d)n.

10. Kommt da was in das Getriebe, ist es aus schon mit der Liebe,
    obn und untn, hint und vorn, lustig san ma wor(d)n.

11. „Lieber Schatz, jetzt muss ich fort, muss in einen andern Ort",
    obn und untn, hint und vorn, lustig san ma wor(d)n.

12. „Unsere Liebe ist nun aus, weiter geht's von Haus zu Haus",
    obn und untn, hint und vorn, lustig san ma wor(d)n.

GP: Ernst Fink, Neudek (Erzgebirge) später Marktleuthen (Wunsiedel)
AZ / TR: AE (2012)

Warum håt denn die Dori koan Mo

1. Wa-rum håt denn die Do-ri koan Mo?___ Drü-ber
fang ma's Er-zähln jet-za o.___ Sie
håt näm-lich 's Hei-ra-tn dick,___ in der
Eh-wahl håt s' ganz we-nig Glück.___

2. Der Peter, er hat ihr z'wen'g Bart, der Hiasl, er ist ihr z'vernarrt,
   der Eduard, er ist ihr zu lang, der Vinzenz håt Warzn am Wang.

3. Der Cornel, er ist ihr z'betrübt, der Hansl wieder zu viel verliebt,
   der Steffl, er ist ihr zu faul, und der Toni håt a recht a groß's Maul.

4. Der Ambros, der ist ihr zu stolz, der Jackl håt wieder z'wen'g Holz,
   der Franzl håt nirgends a Ziel, der Gangerl, er isst ihr zu viel.

5. Der Bartl, sagt sie, sei nix nutz, der Heinrich voll Schmier und voll Schmutz,
   der Kare is gråd wia(r)a Kind, der Sepperl is auf oan Aug blind.

6. Der Michl, er spielt ihr zu gern, der Isidor tuat net recht hörn,
   der Lorenz, er ist ihr zu dumm, der Veitl a kloans wenig krumm.

7. Der Rudolf håt d'Nåsn zu lang, der Adolf håt zweierlei Gang,
   der Paul håt an löchringa Frack, der Moritz schnupft zu viel Tabak.

8. Der Friedl, er ist ihr zu keck, der Thomas ist viel zu weit weg,
   der Willi tuat z'viel spekuliern, der Wastl zu wenig spendiern.

9. Der Clemens, er ist ihr zu alt, der Raimund, er ist ihr zu kalt.
   Der Felix, er hat rote Haar, der Emil a halberter Narr.

10. Der Maxl, er håt ihr z'wen'g G'fühl, der Mart, er redt ihr zu viel,
    der Poldl geht zu gern spaziern, und der Fritz lasst sich selten rasiern.

11. Dem Adam, dem will s' net recht traun, den Xaverl kann sie net oschaun,
    den Nickl, moant's, kann sie net kriagn, der Ludwig, der tuat zu viel lüagn.

12. Der Alis håt an kloan Kropf, der Albert an recht groußn Kopf.
    Der Girgl, er måg ja koa Wei(b), mit'm Konrad is's längst scho vorbei.

13. Der Titus, er is scho verlobt, der Ignaz, er håt sie nur g'foppt,
    der Simon, der bleibt ihr net trei, und an Benno, moant's, kriagt's allaweil.

14. Der Pongratz is a eiskålter Mo, der Servaz is net weit davo.
    Zum Bonifaz, då håt sie wen'g Muat, und der Ulrich håt seltn an Huat.

15. Der Richard, der håt ihr z'wen'g Geld, der Hermann håt s' scho amal prellt,
    der Markus, er schiaglt und wia, der Gregor kann nixn dafür.

16. Der August håt z'groß ihr den Bauch, der Kajetan, er is ihr z'wen'g schlau(ch),
    der Siegfried versauffat ihr ålls, der Philipp zu lang ihr den Håls.

17. Der Urban, er raucht ihr zu viel, der Victor sagt, dass er s' net will,
    der Lukas, er håt no koa Haus, der Erwin, er richt't sie recht aus.

18. Der Gottfried, er stottert zu sehr, der Korbin, er mag sie nicht mehr,
    den Otto, den hat sie net kennt, jetzt geht's mit de Namen zu End.

19. Mit der Mode, da naahm's sie genau, und heit wär sie gerne a Frau.
    Jetzt trägt sie an Bubikopf gar, obwohl schon ganz grau ihre Haar.

20. Åber heiratn taat sie jetz gern, åber koaner mehr tuat sie verehrn.
    A jeder, sagt's waar ihr jetzt recht, ja wenn sie nur gråd oaner mächt.

21. Und schaut sie heit oaner mål o, so lauft er glei gschwindi davo.
    Mit dera Dori is heit nix mehr los, jetzt sitzt sie dahoam und woant Rotz.

22. So kann's auf der Welt oaner geh, wenn's ållaweil moant, sie is z'schee.
    Wird s' ålt, håt sie nix als Verdruss, drum macht ma darüber jetz Schluss.

GP: Text: Schuster Johann Mühlbauer (Autor), Melodie: Kapelle Holzapfel,
Rattenberg (Straubing-Bogen)
AZ: AE (2012)
in: Slg. Rosa Kienberger, Nr. 12

Eines Tags, da gingen wir ins Kaffeehaus

(Kaffeehaus-Lied)

1. Ei-nes Tags, da gin-gen wir ins Kaf - fee-haus,
mein Freund Mei-er, mein Freund Leh-mann und auch ich.
Und ein je - der trank ei - ne Tas-se Kaf - fee aus,
mein Freund Mei-er, mein Freund Leh-mann und auch ich.

2. Visavis, da saß ein schönes Mädchen,
   was für 'n Meier, was für 'n Lehmann, was für mich,
   und ein jeder reichte ihr zu trinken,
   mein Freund Meier, mein Freund Lehmann und auch ich.

3. Und ein jeder wollte sie nach Haus begleiten,
   mein Freund Meier, mein Freund Lehmann und auch ich.
   Und zuletzt, da gingen wir zu dreien,
   rechts der Meier, links der Lehmann und hintnach ich.

4. Wir trieben um bis morgens ein halb viere,
   mein Freund Meier, mein Freund Lehmann und auch ich.
   Am andern Tage, da waren wir sehr müde,
   mein Freund Meier, mein Freund Lehmann und auch ich.

5. Nach neun Monaten bekamen wir ein Schreiben,
   eins der Meier, eins der Lehmann, eins auch ich.
   900 € müssen wir im Monat zahlen,
   300 der Meier, 300 der Lehmann und 300 auch ich!

6. Eines Tags, da mussten wir vor Gerichte,
   mein Freund Meier, mein Freund Lehmann und auch ich.
   Da lagen drei Kinder in der Wiege,
   eins für Meier, eins für Lehmann, eins für mich.

7. Das ist das Lied von diesen armen Männern,
   das vom Meier, das vom Lehmann und das von mir.
   Drum, liebe Männer, hütet euch vor Liebe,
   armer Meier, armer Lehmann, armer Ich.

GP: Alfred Kinskofer, Hainsacker / Lappersdorf (Regensburg)
AZ / TR: AE (2012)

Ei, Schatz, warum so traurig

2. |: Warum sollt ich nicht weinen
   und auch nicht traurig sein? :|
   Denn ich trag's unter meinem Herzen
   (wohl auf der Alma drobn, Schatz, du weißt es schon)
   ein kleines Kindelein.

3. |: Darum brauchst du nicht weinen
   und auch nicht traurig sein, :|
   denn ich wills dein Kind ernähren,
   (auf der Ålma drobn, Schatz, du weißt es schon –)
   denn ich wills dein Kind ernähren
   und auch der Vater sein.

4. |: Was nützt mir dein Ernähren,
   wenn ich keine Ehr' mehr hab! :|
   Ich wollt, ich wärs gestorben,
   (auf der Ålma drobn, Schatz, du weißt es schon –)
   ich wollt, ich wärs gestorben
   und läg im kühlen Grab.

5. |: Und ich wollt, ich wär gestorben
   und läg im kühlen Grab. :|
   Und mein Leib, der würd' zerfallen,
   (auf der Ålma drobn, Schatz, du weißt es schon –)
   und mein Leib der würd zerfallen
   zu lauter Asch und Staub.

GP: 1.–2. Strophe: Rudolf Lottner, Bierlhof / Trausnitz (Schwandorf)
   Hauptstimme Rudolf Lottner, Bierlhof / Trausnitz (Schwandorf)
   Überstimme Alois Demleitner, vulgo Sapplweber, Stein / Trausnitz (Schwandorf)
AZ / TR: AE (2011)
3.–5. Strophe: GP: Josef Meierl, Wiesau (Tirschenreuth)
AZ: AE (1975)
in: Schötz / Wax: Singen im Tirschenreuther Land, S. 215

Oans, zwoa, drei, vier, der Våder trinkt Bier.
Vier, drei, zwoa, oans, d' Mutter trinkt koans.

Der Wastl mit sei'm steifn Fouß

– Erinnerung an Militär und Krieg –

Napoleon, der hatt' an schlimmen Sinn

♩ = 114 *Schottischtempo*

Na - po - le-on, reiß aus!

Trio

1. Na - po - le - on, der hatt' an schlim - men

Sinn, der reist mit sein' Zu - a - ven[1] nach Ber -

lin. Doch Wil - helm Rex, der zeigt es ihm, o -

je, statt nach Ber - lin kam er auf d'Wil-helms - höh!

2. Napoleon, der ist jetzt nimmer stolz,
   der handelt jetzt mit schwedischem Zündholz.
   Er lauft die Straßen auf und ab,
   schreit: „Leute, kaufts mir Schwefelhölzer ab!"

3. Bei Gravelotte, da ist er retiriert,
   bei Mars en Tour, da hat er Prügel kriagt.
   Bei Sedan dort, då schlagt man ihm aufs Maul,
   da spricht Napoleon: „Åber jetzt geht's faul!"

WE: 1 = französische Kolonialtruppe aus Algerien
GP: Franz Birzer, Kirchenlaibach (Bayreuth)
AZ / TR: WM (1970)
Instrumentalteil ergänzt nach einer Hs. Burghausen 1878

Zu Fuchsmühl war 's, in Bayern

1. Zu Fuchs-mühl war 's, in Bay - ern, im vier-a-neinz-ger Jahr, am drei - ßig-sten Ok - to - ber, da klagt der Bau - ern Schar: "Es hun - gert, frie - ret Weib und Kind. O weh, wie wir ver-küm-mert sind in un-serm al - ten Recht, in un-serm al - ten Recht, in un-serm al - ten Recht, in un-serm al - ten Recht!"

2. Der Zoller hat entzogen in Eigensinn und Stolz
   und schon der Jahre viele verbrieftes Rechtlerholz.
   Was kann uns hindern in dem Wald,
   wenn der Gemeinde Notruf schallt,
   |: zu sichern unser Recht, zu sichern unser Recht? :|

3. Herr Amtmann Wall da stehet mit der Gendarmerie.
   Er hatte requiriert von Amberg Infantrie.
   Mit einer Axt zum Widerstand
   hat sich erhoben keine Hand.
   |: Sie hält nur fest ihr Recht, sie hält nur fest ihr Recht. :|

4. Der Tambour wirbelt d'Schlegel, nun stürmen sie heran.
   Da ging es gegen Feinde mit scharfem Jatagan[1].
   O Gott, schon blutet manches Herz,
   ganz Fuchsmühl lag im Trauerschmerz.
   |: Es blutet für sein Recht, es blutet für sein Recht. :|

5. Zwei schwache Greise konnten nicht fliehen schnell davon.
   Sie wehrten ab das Bajonett, doch gab es kein Pardon.
   So wurden sie dann massakriert,
   anstatt zu geben, was gebührt:
   |: Ihr gutes altes Recht, ihr gutes altes Recht. :|

6. Auch noch des Kerkers Gitter verschließt manch guten Mann,
   der nie in seinem Leben auf einen Treubruch sann.
   Der Blutruf schreit hinaus ins Land:
   Es lebt ein Gott, dem ist bekannt
   |: wohl unser gutes Recht, wohl unser gutes Recht. :|

WE: 1 = (türkisch) Krummsäbel
GP: Hermann Scherbaum, Josef Ulrich, Fuchsmühl (Tirschenreuth)
AZ: HK (1981), TR: AE

in: Kreger: Tirschenreuther Liedermappe 2 (1994), Nr. 25

Nach der Melodie des Andreas-Hofer-Liedes „Zu Mantua in Banden"
Lied über die berühmte Fuchsmühler Holzschlacht im Jahr 1894

Ich ging einmal spazieren,
um mich zu amüsieren

1. Ich ging ein-mal spa - zie - ren, um mich zu a-mü-

sie - ren. Da sah ich in der Fer - ne ein Mägd-lein

stehn. Ich frag-te sie be - schei-den: "Bit-te, darf ich Sie be -

glei - ten?" Da sprach die sü-ße Klei-ne: "Ach, bit-te,

nein. Ich bin ver - hei-rat, bin lan-ge schon ver - hei-rat.

Und was Sie kön-nen, jun-ger Mann, kann mein Mann auch.

In Ha-na - lu - lu, im Lan-de der A - zo - ren,

da möcht ich woh-nen, da möcht ich sein.

2. Da gehn die kleinen Mädchen zum Tanze in das Städtchen
ohne Hemd und ohne Höschen (Sauerei!)
mit einem Feigenblatt, (wenn sie eins hat).
Und das muss runter, da steckt was Schönes darunter,
was einem Landser viel Freude macht.

GP: Bartholomäus Lobinger, vulgo Bouwerl Bath, Zeinried / Teunz (Schwandorf)
AZ / TR: AE (2011)

Annemarie, der Kinderwågn is hi(n)

An-ne-ma-rie,   der   Kin-der-wågn is hi(n),   An - ne-ma -
rie.   Kaaf ma(r) uns an nei-er,   der   is ja går net tei-er,
1. An - ne - ma - rie.   2. An - ne - ma - rie.

GP: Josef und Marita Lobenhofer, Schwarzenfeld (Schwandorf)
AZ / TR: AE (2011)

Der Wastl mit sei'm steifn Fouß

1. Der Was-tl mit sei'm stei-fn Fouß ku-glt oi - a[1] ü - ber

d'Stöigh, schaut's, Leit, der Kröigh, des is a Vöich.

2. Und bis ma a bisserl Butter kröigt,
   des dauert an Äiwighkeit,
   dou lassn sie sich Zeit,
   ja so viel Zeit.

3. Ich wollt, es wäre Frieden,
   damit ich also dann
   die Friedenslieder alle
   noch einmal singen kann.

4. Åber dou hört ma alt und jung
   ållerwaal des Gebäigh[2]:
   „Ja, Leit, der Kröigh,
   des is a Vöich!"

WE: 1 = hinab, 2 = Gebrüll, Geschrei
GP: Julius Sappé, Waldsassen (Tirschenreuth)
AZ / TR: AE (2006)
Seine Mutter sang die 2. Strophe immer in der Kriegszeit, wenn es Lebensmittelmarken gab.
Parodie auf das Lied „Lang, lang ist's her" von Thomas Heynes Bayly 1797–1839

Variante:

1. |: Der Wastl mit sein Gummifouß
   rutscht oi[1] über d'Stöigh[2],
   Brouder, der Kröigh[3],
   Brouder, der Kröigh. :|

2. |: Der Tane[4] mit sein Kruckaran[5]
   macht Giraffn schöich[6],
   Brouder, der Kröigh,
   Brouder, der Kröigh. :|

3. |: An Muckl håm s' a Plattn[7] gschert,
des hilft gegha d' Fläich[8],
Brouder, der Kröigh,
Brouder, der Kröigh. :|

4. |: Der Girgl mit oin kurzn Fouß
schnalzt oi[9] und in d'Häich[10],
Brouder, der Kröigh,
Brouder, der Kröigh. :|

5. |: Drei Finger hiabt[11] der Vöichhan(d)ler[12],
sågt: „Dass e niat löigh[13]!"
Brouder, der Kröigh,
Brouder, der Kröigh. :|

6. |:Öitz wenn i nachher hoimgöih[14] mächt,
koa(n) 's sa(n), dass e dann kröich[15].
Brouder, der Kröigh,
Brouder, der Kröigh. :|

WE: 1 = hinunter, 2 = Stiege, Treppe, 3 = Krieg, 4 = Anton, 5 = Krücken, 6 = scheu,
7 = Glatze, 8 = Flöhe, 9 = rutscht hinab, 10 = Höhe, 11 = hebt, 12 = Viehhändler,
13 = lüge, 14 = heimgehen, 15 = krieche
GP: Wenz Brosch, Schönhaid / Wiesau (Tirschenreuth)
AZ / TR: HK (1983)

Mia san die tapfern Bayern

1. Mia san die tap-fern Bay-ern, sagt je - der, der uns kennt. Mia wa - ren stets die Schnei - dig - sten vom sechs-ten Re - gi - ment. Ge - fürch-tet san mir ü - ber-all in Am - berg und Fuchs - mühl, mir ste - chen die Bau-ern nie-der mit stol-zem Selbst-ge - fühl. Wenn dann von un - serm Haupt-mann der Kom - man-do-ruf er-schallt: "Sol - da-ten machts euch fer-tig, d'Fuchs - müh-ler san im Wald, richt eu - re Ba-jo - net - te, nach vorn den Flin-ten -

Gigl, geigl, no a Seidl

lauf!", dann geht es auf die Bau-ern mit Hur-ra-ru-fen drauf. Was dou die Al-tn san,____ döi kum-ma z'erscht da-ran. Des jun-ge fri-sche Blout,___ des koa(r) as Laaf-fn z'gout. Die Al-tn san niat sua schnell, döi kum-ma niat va der Stell, drum 's Ba-jo-nett nei-grennt vom sechs-ten Re-gi-ment!

2. Die Förster Grassmann, Schuster, Herr Wall aus Tirschenreuth,
   die stehen da als Muster der aufgeklärten Zeit.
   Gepriesen noch nach Jahren für ihre Heldentat.
   O glücklich Land der Bayern, das solche Männer hat!
   Warum verlangt der Bauer auch noch Hilfe von dem Staat,
   wenn er sein Leben sauer in Arbeit zugebracht.
   Und will er dann sein Rechtholz von seinem Landesherrn:
   die Herren Wall und Grassmann, die werden ihn belehrn,
   dass da im Bayernland sein Recht noch niemals fand,
   wer seine Steuern zahlt, dazu das Maul schön halt.
   Der gute Untertan fangt überhaupt nix an,
   sonst wird er niedergrennt vom sechsten Regiment.

3. Der Majoratsherr Zoller, sonst ein honetter Mann,
   der schikaniert die Bauern, was nur ein solcher kann.
   Und als die armen Teufel sich wollten holn ihr Recht,
   da kam die schlimme Stunde, da ging es ihnen schlecht.
   Die Trommel ruft zum Streite: „Soldaten, stehet still!
   Wir müssen heute reisen von Amberg nach Fuchsmühl."
   Sie stachen und sie hieben, fürwahr, es ist ein Graus,
   im Kriege anno siebzig sah's auch nicht ärger aus.
   Ja, ja, es is a Schand fürs ganze Bayernland,
   wenn so a Milligsicht die alten Leit erstich.
   Wenn Ludwig auferstaand und so an Zustand faand,
   der machat schnell ein End dem sechsten Regiment.

4. Wie werden bei den Wahlen die Geister oft traktiert!
   Des Volkes Recht und Freiheit sei nimmer respektiert.
   Liberale, Patrioten, Demokraten, Volkspartei behaupten,
   dass der Volkswohlstand des Staates Stütze sei.
   Wo ist nun jener Redner von der Fuchsmühler Gschicht,
   der in der Landtagssitzung aus seinem Munde spricht?
   Der frei und offen klarlegt als echter deutscher Mann,
   dass man des Volkes Rechte nicht unterdrücken kann,
   und dies zur Sprache bringt, dass es nach oben klingt,
   dass nicht in jedem Fall ein Grassmann und ein Wall,
   dazu das Militär, falln über d'Bauern her
   und grad, wie es beliebt, as Recht so unterdrückt?

GP: Hermann Scherbaum / Josef Ulrich, Fuchsmühl (Tirschenreuth)
AZ: HK (1981), TR: AE

in: Kreger: Tirschenreuther Liedermappe 2 (1994), Nr. 15

Lied über die berühmte Fuchsmühler Holzschlacht im Jahr 1894

An der Eger liegt ein Städtchen
(Die Feldjäger)

1. An der E-ger liegt ein Städt-chen, da-rin a Gar-ni-son. Da sind die zwei-und-zwanz-ger Jä-ger, ein gan-zes Ba-tail-lon. Da blie-sen drei Hor-nis-ten den al-ler-ers-ten Ton. Wir sind die Zwei-und-zwanz-ger Jä-ger vom Jä-ger-ba-tail-lon.

2. Im Jahre neunzehnvierzehn, da brach der Weltkrieg aus,
   da zogen die Feldjäger zu Tausenden hinaus.
   Da stand so manches Mädchen mit rotverweintem Blick:
   „Lebt wohl, ihr zweiundzwanzger Jäger und kehret bald zurück!"

3. Im Jahre neunzehnachtzehn grub man ein Massengrab,
   da legt' man die Feldjäger zu Tausenden hinab.
   Da bliesen drei Hornisten den allerletzten Ton:
   „Wir sind die letzten dreie vom Jägerbataillon."

GP: Ernst Fink, Neudek (Erzgebirge), später Marktleuthen (Wunsiedel)
AZ: HK (2004), TR: AE

Und wenn du denkst, du kriegst dein Geld

Und wenn du denkst, du kriegst dein Geld, Ma - rie:
Leck mich am Arsch, dein Geld, das siehst du nie.

Bei dir in Lil - le hab ich ihn

mir ver-brannt. Und al-les nur für 's teu-re Va-ter - land.

Beliebtes Soldatenlied, 1943 in Serbien gesungen.
GP: Helmut Mahr, Oberasbach (Fürth)
AZ/TR: AE (2011)

Es war einmal ein treuer Husar

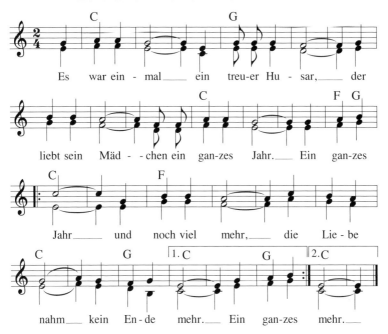

Es war ein - mal___ ein treu-er Hu - sar,___ der
liebt sein Mäd - -chen ein gan-zes Jahr.___ Ein gan-zes
Jahr___ und noch viel mehr,___ die Lie - be
nahm___ kein En - de mehr.___ Ein gan-zes mehr.___

Textvarianten:

1. Es war einmal ein treuer Matros,
   der kauft sein'm Maderl eine Hos'.
   |: Eine neue Hos' mit Reißverschluß,
   dass er nicht lange knöpfeln muss. :|

2. Es war einmal ein Feuerwehrmann,
   der spritzte, wo er spritzen kann.
   |: Er spritzte hin, er spritzte her,
   wo nahm der Kerl denn das Wasser her? :|

3. Es war einmal ein Artillerist,
   der hat schon manche Frau geküsst.
   |: Er macht' ihr in der Lieb' was vor
   und zeigte ihr sein Kanonenrohr. :|

GP: Jakob Weinmann, vulgo Jumo, Kneiting / Pettendorf (Regenburg)
AZ / TR: AE (2002)
Auch im ¾ Takt verbreitet

Unter uns'rer alten Linde

– Gemüt und Sehnsucht –

Das schönste Bleamerl auf der Welt

(Das Edelweiß)

1. Das schön-ste Blea-merl auf der Welt, das ist das E-del-weiß. Es blüht ver-steckt auf stei-ler Höh, so zwi-schen Schnee und Eis.

2. Das Dirnderl sagt zu ihrem Buam:
   „So a Straißerl hätt' i gern."
   Der Bua, der ging das Straißerl holn,
   a so an weißn Stern.

3. Der Bua, der ging um's Straißerl aus
   im gleichen Augenblick.
   Der Abend sank, der Morgen graut,
   der Bua kehrt nie zurück.

4. Nun liegt er da, so ganz allein
   auf steiler Felsenwand.
   Das Edelweiß hält blutig rot
   er fest in seiner Hand.

5. Und wenn am Ab'nd bei Dämmerschein
   im Tal das Glöcklein läut',
   da kniet das Dirnderl auf sein'm Grab.
   Hier ruht ihr' einz'ge Freud.

GP: Ernst Fink, Neudek (Erzgebirge), später Marktleuthen (Wunsiedel)
AZ / TR: HK (2004)

Unter unsrer alten Linde

1. Un - ter uns - rer___ al - ten Lin - de___
da steht___ ein klei - nes Bän - ke - lein.___ Da ver -
brach - te___ man - che Stun - den___
ich mit mei - nem schö - nen Mäg - de - lein.___
Heu - te ist die___ al - te Lin - de___ ein
mor - scher und sehr al - ter Baum.___

2. Dennoch träumt in seinem Schatten manches Paar den Lebenstraum.
   Viele Jahre sind vergangen, es war so eine schöne Zeit.
   |: Meine Jugend und die Liebe sind schon längst Vergangenheit. :|

GP: Dampfbröider,
   Oberstimme: Alfons Kistenpfennig, Neustadt a. d. Waldnaab
   Unterstimme: Alfons Gollwitzer, Woppenrieth / Waldthurn (Neustadt a. d. Waldnaab)
AZ / TR: AE (2011)
Beliebtes Lied aus Tschechien mit unterlegtem deutschem Text

Gold und Silber lieb ich sehr

1. Gold und Sil-ber lieb ich sehr, kann 's auch gut ge - brau-chen,
hätt' ich nur ein gan-zes Meer, mich hi - nein zu tau-chen,
's braucht nicht gleich ge - prägt zu sein, hab 's auch so recht ger-ne,
sei 's des Mon-des Sil-ber-schein, sei 's das Gold der Ster-ne!

2. Doch viel schöner ist das Gold, das vom Lockenköpfchen
meines Liebchens niederrollt in zwei langen Zöpfchen.
Darum du, mein liebes Kind, lass dich herzlich küssen,
bis die Locken silbern sind und wir scheiden müssen.

3. Seht, wie blinkt der gold'ne Wein hier in meinem Becher!
Horcht, wie klingt so silberrein froher Sang der Zecher!
Dass die Zeit einst golden war, will ich nicht bestreiten,
denk ich doch im Silberhaar gern vergangner Zeiten!

GP: o.A.
AZ / TR: Franz Xaver Bosl (1950)

in: Hs. Franz Xaver Bosl (IfV: L 130), S. 67, Schluss vereinfacht und auch sonst für viele
Liedtexte verwendet. Durch Kommersbücher verbreitet.

Unter Erlen steht 'ne Mühle

♩. = 72 *frisches Walzertempo*

1. Un-ter Er-len steht 'ne Müh - le,___ ü - ber's
Rad___ das Was-ser rauscht. Und in tie - fer
Mond-nacht - stil - le___ steht ein Mül - ler -
1. bursch und lauscht._ 2. bursch und lauscht._

2. Leise öffnet sich ein Fensterl, eine Hand streckt sich zum Gruß.
   |: Und dann gibt das Müllermaderl ihrem Liebsten einen Kuss. :|

3. „Liebes Maderl, lass dir sagen heut zum allerletzten Mal,
   |: dass du diesen Müllerburschen niemals nimmer lieben darfst." :|

4. „Schatz, ich hab's dir schon geschrieben, ob dir's recht ist oder nicht.
   |: Darf dich nie und nimmer lieben, denn mein Vater will es nicht." :|

5. Eines Tages in der Frühe schon beim ersten Morgenrot
   |: fand man diesen Müllerburschen in der Erlenmühle tot. :|

6. Liebe Eltern, lasst euch sagen: „Störet nie der Kinder Glück!
   |: Denn es kommen trübe Tage, wo man denkt an sie zurück." :|

GP: Str. 1–3 und 6: Johann Plank (*1933), Falkenberg (Tirschenreuth)
     Str. 4–5: in Pfann: Moidl van Staabruch, S. 130
AZ/TR: WM (1981) u.a. IfV: Tb 165g/241-293

in: Register- und Beispielsammlung zu den Forschungsexkursionen des IfV in die Oberpfalz
1981, S. 130

's Deandl sitzt traurig z'Haus

1.'s Dean-dl sitzt trau-rig z'Haus, woart aaf ihrn Buam,

pflückt eahm a Strai-ßerl å(b), steckt's aaf sein Huat. Huat.

2. Als er in die Stadt reinkam und nach einer anderen sah,
   geht er mit leichtem Sinn bei der Nacht spaziern.

3. Als er nach Hause kam und nach sein'm Deandl sah,
   's Deandl is net dahoam, is längst scho g'storbn.

4. Er geht zum Friedhof naus, suacht sich ihr Grab heraus
   und ruft zu ihr hinein: „Deanderl, wach auf!"

5. Da ruft der Geist heraus: „Mei liaber Bua,
   du hast mich falsch geliebt, mir laß mei Ruah!"

GP: Rudi Lottner, Bierlhof/Trausnitz (Schwandorf),
    Alois Demleitner, vulgo Sapplweber, Stein/Trausnitz (Schwandorf)
AZ/TR: AE (2011)

bist staad......

Horch, was geht im Schlosse vor

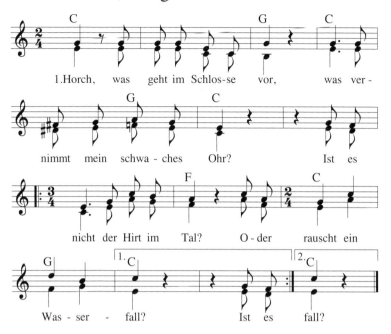

1.Horch, was geht im Schlos-se vor, was ver-
nimmt mein schwa - ches Ohr? Ist es
nicht der Hirt im Tal? O - der rauscht ein
Was - ser - fall? Ist es fall?

2. Horch, was nähert sich dem Schloß? Steigt ein Reitersmann vom Roß.
   |: An die Pforte klopft er schon. – „Großer Gott, es ist mein Sohn!" :|

3. „Vater, wo ist Mütterlein, die so viel für mich geweint?"
   |: „Deine Mutter grämte sich, bis der Tod sie von mir riß." :|

4. Und der Sohn bestieg sein Roß und verließ sogleich das Schloß.
   |: Ritt ins tiefe Tal hinab, dort fand er der Mutter Grab. :|

5. „Vater, was hast du getan? Selbst bei Gott klag ich dich an!
   |: Meine Mutter war so gut, die in kühler Erde ruht." :|

6. Und er nahm sein eigen Schwert, stieß es in des Vaters Herz.
   |: „Sohn, ach Sohn, verzeihe mir! Sieh, dein Vater liegt vor dir!" :|

7. Und er nahm des Vaters Schwert, stieß es in sein eigen Herz.
   |: Verlassen liegt nun Schloss und Hof, alles ruht auf dem Friedhof. :|

GP: Mathilde und Michael Härtl, Falkenberg (Tirschenreuth),
AZ/TR: WM (1981) IfV Tb 165g/435-523

in: Register- und Beispielsammlung zu den Forschungsexkursionen des IfV in die Oberpfalz
1981, S. 92. Ähnlich „Horch, was nahet sich dem Schloss" in Brosch: Der Liederschatz des
Egerlandes, Nr. 143/144/145

Nur noch einmal in meinem ganzen Leben

(Elternliebe)

1. Nur noch ein - mal in mei-nem gan-zen Le - ben, o möcht ich mei - ne El - tern wie - der - seh'n! Was wür - de ich da - für nicht al - les ge - ben, ach könn - te die - ses ein - mal noch ge - scheh'n! Ich wür - de sie als - dann mit hol - den Bli - cken, und, o, mit wel - chem kind - li - chen Ver - trau'n all - hier an mei - nen hei - ßen Bu - sen drü - cken und won - ne - voll dann in ihr Ant-litz schau'n, all-hier an mei-nen hei-ßen Bu-sen

drü - cken   und won-ne - voll dann in ihr Ant-litz   schau'n.

2. Sie sorgten stets für mich und meine Brüder
und zogen uns zu edlen Menschen auf.
I: Ich seh' euch nun, ihr Eltern, nimmer wieder,
der liebe Gott nahm euch zu sich hinauf. :I
Dort werdet ihr nun ewig bei ihm wohnen,
dort schaut ihr immer Gottes Antlitz an.
I: Dort wird er euch, ihr Eltern, das belohnen,
was ihr an euern Kindern Gut's getan. :I

3. Ihr Kinder, die ihr jetzt das Glück genießet,
dass eure Eltern noch am Leben sind,
I: sucht, dass ihr ihre Tage stets versüßet,
wie sich's gebührt für jedes gute Kind! :I
O, bittet Gott, dass sie recht lange leben,
behandelt sie gerecht und liebevoll.
I: Seid euren Eltern kindlich fromm ergeben,
dann geht es euch auf Erden immer wohl! :I

in: Mädchenliederbuch, S. 130ff.

Variante:

1. Nur noch einmal in meinem ganzen Leben
ich möchte meine Eltern wieder sehn.
I: Was würde ich dafür nicht alles geben,
ach, könnte dies nur noch einmal geschehn. :I

2. Der liebe Gott, ach, hat sie mir entrissen,
die meine Freud, mein Glück, mein Alles warn.
I: Die Tränen, die für sie nun immer fließen,
die werden fließen noch in spätern Jahrn. :I

3. Ihr Kinder, die ihr jetzt das Glück genießet,
dass eure Eltern noch am Leben sind,
I: sucht, dass ihr ihre Tage nur versüßet,
seid artig, brav und betet wie ein Kind. :I

GP: Irmgard Jakob, Roding (Cham),
   Melodie: 8 Takte + Wiederholung der Takte 5–8
in: Bayerwald-Echo vom 25.1.2010, S. 30
Verkürzte Form des Liedes
Weit verbreitetes, bei Hochzeiten während des Schenkens gerne gesungenes Lied,
wenn die Eltern des Brautpaares schon verstorben waren.

UNTER UNS'RER ALTEN LINDE   237

Steh' ich am eisern' Gitter

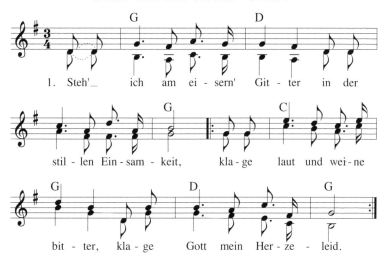

1. Steh'— ich am ei - sern' Git - ter in der stil - len Ein - sam - keit, kla - ge laut und wei - ne bit - ter, kla - ge Gott mein Her - ze - leid.

2. Ach, wie bin ich so verlassen
   auf der Welt von jedermann.
   |: Feind und Freunde tun mich hassen,
   niemand nimmt sich meiner an. :|

3. Einen Vater, den ich hatte,
   den ich oftmals Vater nannt';
   |: eine Mutter, die mich liebte,
   die hat mir der Tod entwandt. :|

4. Beide sind für mich verloren,
   solche Opfer sind dahin.
   |: O, wär ich doch nie geboren,
   weil ich so unglücklich bin. :|

5. Trauter Jüngling, meinst du's redlich,
   Oder liebst du nur aus Scherz?
   |: Männerränke sind gefährlich
   für ein junges Mädchenherz. :|

6. Ach, was sind die Mauern düster,
   ewig sind die Ketten schwer!
   |: Ach, wie lange wird's noch dauern,
   ist denn keine Rettung mehr? :|

GIGL, GEIGL, NO A SEIDL

7. Warum musste ich dich sehen,
   war das Schicksal mir so gram?
   |: Warum musst' ich dorthin gehen,
   wo dein Blick mir alles nahm. :|

8. Ruh' und Frieden sind gerissen,
   Trost und Freude sind dahin.
   |: O, wär' ich doch nie geboren,
   weil ich so unglücklich bin. :|

9. Bester Jüngling, nimm zum Pfande
   dieses blond gelockte Haar
   |: mit dem roten Seidenbande,
   das auf meinem Busen war. :|

10. Ach, wenn ich einst sterben werde,
    um getrennt von dir zu sein.
    |: O, so pflanz auf meinem Grabe
    eine Blum' Vergiss nicht mein! :|

GP: Kapelle Holzapfel, Rattenberg (Straubing-Bogen)
AZ: AE (2012)

in: Slg. Rosa Kienberger

Nach der Melodie „Wer das Scheiden hat erfunden" in: Jessas …, S. 195

Wenn ma 's Lebn no ham,
kumma amal wieder zamm.
Hamma scho gstoarbn,
nacha bleibn ma dahoam.

UNTER UNS'RER ALTEN LINDE

O quäle nie ein Tier zum Scherz

O quä-le nie ein Tier zum Scherz,— be-denk, es fühlt wie du den Schmerz!— Drum, lie-be Da-men und ihr Herrn, be-her-zigt die-ses Sprich-wort gern! A: Und ist das Tier-chen noch so klein,— B: es dul-det ru-hig sei-ne Pein.— O— quä-le nie ein Tier zum Scherz, be-denk, es fühlt wie du den Schmerz!— Und macht's auch manch-mal Sorg und Müh';

GIGL, GEIGL, NO A SEIDL

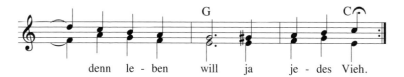

denn le - ben will ja je - des Vieh.

A Bauer håt a blinde Magd, die schickt er in den Stall auf d'Nacht
zu melken dort die Kühe fein, die in dem Stalle stehen drein.
A: Und eben weil die Magd war blind,
B: melkt sie den Ochsen auch geschwind.
O quäle nie ein Tier zum Scherz, bedenk, es fühlt wie du den Schmerz!
Zum Melken is a Kuh gebor'n, beim Ochs ist jede Müh' verloren.

Ein Droschgenkutscher in der Nacht, der hält bei seiner Droschge Wacht.
Den Hunger stillt a warme Wurscht, viel Schnaps trinkt er für seinen Durscht.
A: Er stellt sich vor den Droschgengaul,
B: hält ihm a warme Wurscht vors Maul.
O quäle nie ein Tier zum Scherz, bedenk, es fühlt wie du den Schmerz!
Denn so a Wurscht, die er verzehrt, woher sie stammt, es kennt das Pferd.

Bei einem Metzger kam a Katz, stahl Fleisch und Wurscht und fraß sich satt.
Doch eines Tags erwischt er sie und denkt bei sich: „Wart nur, du Vieh!"
A: Der Metzger war vor Zorne bleich,
B: haut ihr den Schwanz ab mit einem Streich.
O quäle nie ein Tier zum Scherz, bedenk, es fühlt wie du den Schmerz!
Was du nicht willst, dass man dir tu, das füg' auch dieser Katz nicht zu.

GP: Kapelle Holzapfel, Rattenberg (Straubing-Bogen)
AZ: AE (2012)

in: Slg. Rosa Kienberger, Nr. 29

Eine Mutter liegt im Sterben

(Der Mutter letzter Blick)

1. Ei - ne Mut - ter liegt im Ster - ben. Trau - rig kann ihr Kind nur fleh'n: "Mei-ne Mut - ter, lieb-ste Mut - ter, willst denn du schon von mir geh'n?"

2. „Mutter, herzensgute Mutter,
schau noch einmal zu mir her.
|: Oder willst du mich nicht sehen,
oder liebst du mich nicht mehr?" :|

3. Und mit halb geschloss'nen Augen
schaut die Mutter noch einmal
|: hin zum tief betrübten Kinde,
und es war das letzte Mal. :|

4. „Liebes Kind, lass doch dein Weinen,
weil mein Scheiden zu schwer ist,
|: denn im Himmel wohnt ein Vater,
der die Waisen nicht vergisst." :|

5. Und die Mutter liegt im Grabe.
Sehnsuchtsvoll denk ich zurück.
|: „Niemals werd' ich mehr vergessen,
Mutter, deinen letzten Blick!" :|

GP: Kapelle Holzapfel, Rattenberg (Straubing-Bogen)
AZ: AE (2012)

in: Slg. Rosa Kienberger

Nach der Melodie „Wer das Scheiden hat erfunden in: Jessas …, S. 195

Trinksprüche auf Regensburger Steinkrügen

Ein guter Trunk macht Alte jung.

Frohsinn und Heiterkeit
würzt jede Mahlzeit.

Ein froher Gast ist niemals Last.

Bei Trunk und Scherz bleibt froh das Herz,
doch allzu viel führt ab vom Ziel.

Trinke flott und sei stets fröhlich,
wenn du gehst, dann zahle redlich!

Iss, was gar ist,
trink, was klar ist,
sprich, was wahr ist!

Wer niemals einen Rausch gehabt,
der ist kein braver Mann.
Wer seinen Durst in Achteln stillt,
fang' lieber gar nicht an!

A Aff und a Kater und a Haring dabei,
das sind die Folgen der Sauferei.

Wirft das Bier auch nieder,
wir trinken morgen wieder!

Böses Weib und sauer Bier,
behüt der Himmel dich dafür!

in: Regensburger Steinzeug und der Historismus
in der Oberpfalz.

Begleitband zur Ausstellung im
OPf. Volkskundemuseum Burglengenfeld

7. Mai – 21. August 2011, Stadt Burglengenfeld (Hrsg.) S. 43ff.

Wia spaat is's
auf der Wirtshausuhr

– Abschied und Heimweg –

Wia spaat is's auf der Wirtshaus-Uhr

frei ansingen

Solo 1:
1. Wia spaat is's auf der Wirts-haus-uhr? Auf der

Solo 2:

Wirts-haus-Uhr is's sie(b)-ne! Etz wer(d)n da-hoam die

Alle:

Heh-ner ei'-gsperrt und ho-cka auf ihr'm Sten-gl. Då

is's zum Hoam-geh no vül z'friah, då wart' ma no a

frei ansingen

wen-gl! Då trink' i no oans! Dann trinkst

Solo 1:   Solo 2:

du no oans! Å-ber na-cha geh' ma hoam!

Alle:

2. … achte!
   Öitz wern dahoam de Kinder zählt und kumma nei ins Bett.
   Dou is de Stubn voll Kindergschroa, dou brauchas uns nu net.
   Dou, trink i …

3. … neune!
   Öitz raamt der Knecht die Besen aaf, die Magd hilft aa dazou,
   dou bleibn ma nu im Wirtshaus dou, nou håm döi zwoa ihr Rouh.
   Dou, trink i …

GIGL, GEIGL, NO A SEIDL

4. … zehne!

Dou sticht der Wirt a Fassl a(n), stellt d'Massn hi in Reiha,
na, na, dou kinn ma niat hoamgöih, er taats uns niat verzeiha.
Dou, trink i …

5. … elfe!

Öitz woart de Ålt mi(t)m Nudlholz, mit so am Mordstrumm Brocka.
Vo(r)an Wei(b), dou lasst ma uns niat schlågn, drum blei(b)m ma liaber hocka.
Dou, trink i …

6. … zwölfe!

Öitz schlafft de Ålt schöi langsam ei, då is sie nimmer gfährli.
Dem Wirt, dem fålln de Augn schou zou und mia sågn öitza ehrli:
Dou, trink i …

GP: Freystädter Sänger, Freystadt (Neumarkt)
AZ / TR: WM
Original im oberfränkischen Dialekt,

in: Degelmann: „Fränkisch g'sunga und g'sagt", S. 52f.

I daat jetz gern zum Biesln geh,
wenn i wås zum Trinka hätt.

Drei Tågh, drei Tågh geh(n) ma niat hoim

Drei Tågh, drei Tågh geh(n) ma niat hoim, niat hoim.

Drei Tågh, drei Tågh geh(n) ma niat hoim.

Der wås vom Hoim-göih sågt, der håut koan Göld in __ Såck;

drei Tågh, drei Tågh geh(n) ma niat hoim.

GP: Johann Gareis, Maiersgrün / Kreis Marienbad (Egerland)
AZ: Albert Brosch (1937)

in: Brosch: Liederschatz des Egerlandes, Nr. 758

Melodie ähnlich „Kuckuck, Kuckuck, ruft's aus dem Wald".
Weitere Vierzeiler.

Bairisches Rausch-Barometer:
Schwips – Raischl – Zinterer – Surrer – Säbl – Dampf – Suff –
Affn – Brennesterer – Brandtn – Saurausch

Guate Nacht, schlafts wohl

ruhig ♩ = 54

Gua-te Nacht, schlafts wohl, a - dje, auf Wie-der-sehn,

gua - te Nacht, schlafts wohl, a - dje, auf Wie - der - sehn,

gua - te Nacht, schlafts wohl, a - dje, auf Wie - der - sehn,

gua - te Nacht, schlafts wohl, a - dje! Gua-te Nacht,

gua-te Nacht, gua-te Nacht, schlafts wohl, ad-je, gua-te Nacht,

gua-te Nacht, schlafts wohl! Schlafts wohl, schlafts

wohl, schlafts wohl, auf Wie - der - sehn!

GP: Kreszentia Hämmerle, Wiederhofen (Allgäu)

AZ: WM (1998), TR: Evi Heigl

in: hs. Liederheft Gesa Folkerts Nr. 4 (1999), S. 56f.

Verkürzte Form in Eichenseer/Karrer: Freinderl …, S. 249

Fünfhundert wilde Pferde

(Fernfahrer-Lied)

1. Fünf-hun-dert wil-de Pfer-de
setzt mein Die-sel frei. Fünf-hun-dert
wil-de Pfer-de, die sind mir so
treu. Mit acht-und-drei-ßig Ton-
nen roll' ich durch die Nacht.
End-los scheint die Au-to-bahn,

1. end-los scheint die Nacht.

2. end-los scheint die Nacht.

GIGL, GEIGL, NO A SEIDL

2. Ich reibe mir die Augen, der Schlaf hat mich gepackt.
   Die Arme sind so bleiern, die Beine machen schlapp.
   Ich dreh' den Radio lauter, hat alles keinen Zweck.
   |: Runter von der Autobahn, bevor ich flieg' in Dreck. :|

3. Raus beim nächsten Rastplatz, grade noch geschafft!
   Speicher zu – verdammt nochmal – für heut bin ich geschafft.
   Ich gehe auf zwei Meter und mach die Augen zu.
   |: Dann schlaf' ich in der Koje und schnarch' ganz laut dazu. :|

4. Dann träum' ich von zu Hause, von meiner lieben Frau.
   Träume sind nur Schäume, das weiß man ja genau.
   Das Führerhaus erzittert, ein Kumpel fährt vorbei.
   |: Aus ist's mit dem Schlafen und mit der Träumerei. :|

5. Verdammt, ich muss nach Süden, und draußen wird's schon hell.
   Rein in die Klamotten und an das Lenkrad schnell!
   Unter mir dröhnt der Diesel, der Turbo faucht dazu,
   |: sechzehn Räder rollen da gleichmäßig im Takt dazu. :|

6. G'frühstückt wird dann am Steuer, das müsste zwar nicht sein.
   Doch dafür bin ich schneller und spare Geld mir ein.
   Aus meiner Thermoskanne nehm' ich den letzten Schluck.
   |: Der macht mich wieder munter, und weiter rollt mein Zug. :|

7. Draußen zieht die Landschaft Stund um Stund vorbei.
   Wo sind die Gedanken? Gedanken sind doch frei.
   Es gibt so schöne Stunden und wirklich viel zu sehn.
   |: Doch ich bin ganz zerschunden, das kann ein jeder sehn. :|

8. Am Ziel dann angekommen, ich glaub', mich trifft der Schlag:
   Der Zollhof ist geschlossen, die Schranken sind herab.
   Ein Wochenend im Eimer, ich hab' die Schnauze voll.
   Dann fahr ich zum Albergo und lass' mich laufen voll.
   Von wegen „große Freiheit", alles bloß Gered.
   Ein Sklave der Maschine und mit der Zeit um d'Wett.

GP: Manfred Beiser, vulgo Jumbo, Lech am Arlberg (Vorarlberg)
AZ/TR: AE (2011)
Ein selbst gemachtes Lied von Fernfahrer Manfred Beiser, das er bei einem Besuch im Haus
Eichenseer in Regensburg gesungen hat.

Rout untn, rout obn

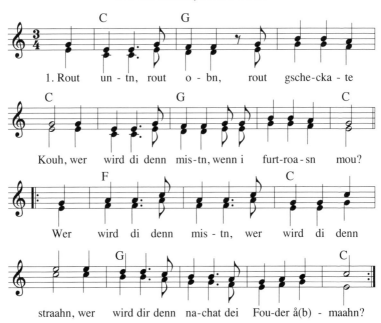

1. Rout un - tn, rout o - bn, rout gsche-cka - te Kouh, wer wird di denn mis-tn, wenn i furt-roa - sn mou? Wer wird di denn mis - tn, wer wird di denn straahn, wer wird dir denn na-chat dei Fou-der å(b) - maahn?

2. Wou wird er denn blei(b)n, der kloi Höiterbou,
   wås wird er denn trei(b)n, wås wird er denn tou?
   |: I måg nimmer höi(t)n, is allaweil niat schöi,
   döi gscheckatn Kaibln, döi gscheckatn Köih. :|

3. I måg nimmer höi(t)n, i måg nimmer trei(b)n,
   sunst mou(ß) i mei Lebtåg a Höitmoidl blei(b)n.
   |: I måg nimmer höi(t)n, i måg nimmer schrein:
   „Gäihts, Kouhla, gäihts Kaibla, i mou(ß) enk hoimtrei(b)n." :|

GP: Sepp Winter, Perschen / Nabburg (Schwandorf)
AZ / TR: AE (2002)
Gelernt vom Höitfriedl Räis (Andreas)

Hoam müaß ma geh

1.Hoam,   hoam,   hoam müaß ma   geh!
Ham ma a schwarz's Kat - zerl__ z'Haus,   dem wenn was
g'schaah, waars aus. Hoam,   hoam,   hoam müaß ma   geh!

2. Hoam, hoam, hoam müaß ma geh!
   Leuchtn scho Mond und Stern,
   drum wird's zum Hoamgeh wer(d)n,
   hoam, hoam, hoam müaß ma geh!

3. Hoam, hoam, hoam müaß ma geh!
   Wart't ja de Bettstatt scho,
   wo ma warm schlaffa ko,
   hoam, hoam, hoam müaß ma geh!

4. Hoam, hoam, hoam müaß ma geh!
   Dank ma Gott für de Zeit,
   de uns mitnand håt gfreut,
   hoam, hoam, hoam müaß ma geh!

1. Str. in Neumaier: Sing ma(r)a weng, S. 84
2.–4. Str. von WM ergänzt und verbreitet.

in: Lehrgangsheft 10. Ndb. Herbsttreffen Kastell Windsor (1983), S. 9

Hoch oben die Sterne

(Ständchen am Abend)

1. Hoch o - ben die Ster - ne, tief un - ten die
Nacht! Feins Lieb _ in der Fer - ne, schlaf
wohl, gu - te Nacht! Schlaf wohl, gu - te Nacht!

2. Wer weiß, ob der Morgen für uns noch erwacht!
   Der Himmel wird sorgen, schlaf wohl, gute Nacht …

3. Wie oft hab ich deiner mit Sehnsucht gedacht.
   Gedenkst du auch meiner? Schlaf wohl, gute Nacht …

in: Zachmeier: Die Liedersammlung des Christian Nützel, 1. Bd., S. 365

Als Ständchen geeignet, das abwechselnd gespielt und gesungen als überraschende Gabe
besonders im Freien seine Wirkung nicht verfehlt. Durch die Pflege verbreitet.

GIGL, GEIGL, NO A SEIDL

Sollt' i hoamgöih

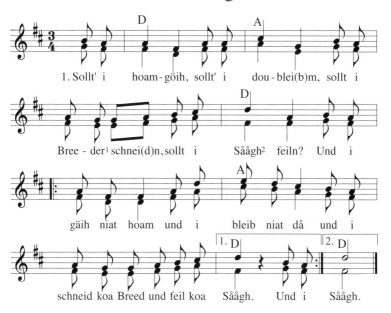

1. Sollt' i hoam-göih, sollt' i dou-blei(b)m, sollt i
Bree-der[1] schnei(d)n, sollt i Såågh[2] feiln? Und i
gäih niat hoam und i bleib niat då und i
schneid koa Breed und feil koa Såågh. Und i Såågh.

2. Und um oans, dou gäiht der Mond aaf,
   und um zwoa, dou leichtn d' Stern.
   Åber um drei, dou weckt mi 's Moidl aaf:
   „Bou, zum Hoamgöih wird's wer(d)n."

3. Schlågt ma fünfe, schlågt ma sechse
   gäih i hoam ganz alloa.
   Sollt i Breeder schnei(d)n, sollt i Såågh feiln,
   wås sollt i sunst då nu trei(b)m?

Nachgesang:
Ja, weil mia Mondscheinbrüader san
und in der Fruah erscht hoamgöih taan.

WE: 1 = Bretter, 2 = Säge
GP: Geschwister Winterer (Marita Lobenhofer / Helga Kasparides),
    Schwarzenfeld (Schwandorf)
AZ: Josef Lobenhofer (2012)
Melodie zum Nachgesang, s. S. 23

Döi Wirtsstubn, döi is eckat

– Gaudi und Unsinn (Schnaderhüpfl) –

Ja, åber d'Wirtspinners Liesl

frei im Vortrag

Ja, å - ber d'Wirts-spin-ners Lie-sl, Vo-gel-bau-ers Chris-tl,

packs beim Krågn, schie-dl mas a bis-sl, Bre - dl am

Oarsch aa - fe gnå-glt, hålts o - der hålts niat. Wenn å - ber

's Bre-dl niat hal - tn wüll, neh-ma an Be - sn - stül,

hau mas gscheit draaf aafs Luch, hal - tn mouß doch.

schneller

Wirts - spin - ners Lie - sl, Vo - gel - bau - ers Chris - tl,

packs beim Krågn, schie-dl mas a bis-sl, s'Bre - dl am

Oarsch aa - fe gnå-glt, hålts o - der hålts niat.

GP: Sepp Frauenholz, Sulzbach-Rosenberg (Amberg-Sulzbach)
AZ / TR: Markus Stauber (2005), TR: Markus Stauber
Weitere Vierzeiler

Alter Hirankl, alter Hoarankl

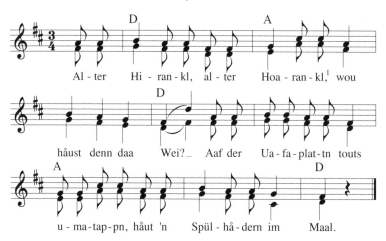

Al - ter Hi - ran - kl, al - ter Hoa - ran - kl,[1] wou
håust denn daa Wei?_ Aaf der Ua - fa - plat - tn touts
u - ma - tap - pn, håut 'n Spül - hå - dern im Maal.

Alter Hirankl, alter Horankl, wou håust denn dein Moa?
Aafn Dåchbua(d)n sitzt er z'häichst druabn, rennt van Maisan[2] davoa.

Meina Ziwala, meine Wiwala, kummts her, saads sua nett!
Touts near fressn fest, touts near pickn fest, saads zum Bråu(t)n nou bal(d) fett.

Meina Sugala, meine Faackala, gäihts eina, kummts glei!
Bleibts im Regn draaß, werds patschnåß, schauts aas wöi alt' Sai[1].

WE: 1 = Säue, 2 = Mäusen
GP: 1. Str. Else Tretter, Premenreuth / Reuth bei Erbendorf (Tirschenreuth)
     2.–4. Str. Hans Zintl, Münchenreuth / Waldsassen (Tirschenreuth)
AZ: HK (1984/1987), TR: AE

in: Kreger: Tirschenreuther Liedermappe 2 (1994), Nr. 1

Kennst du den Kaiser Franzl

Kennst du den Kai-ser Fran-zl vo der Wea-ner-stådt,
der is a lus-tigs Bür-scherl, wenn er g'suf-fa håt.
Sech-sa - drei-ßig Seid-la saafft er al-le Tågh,
zu sei'm Dean-dl gäiht er, wenn er måg.

Und de Weaner Maadln, de san niat aso,
legn se niat aafs Hei und legn se niat aafs Stroh.
|: De mächtn a Zuadeck håm, de mou(ß) lebendig sa(n),
mou(ß) auf und nieder geh und steha a(n). :|

Ja und im vorign Winter san ma Schlittn gfoahrn.
Is uns d' Achs abbrocha, san uns d' Stiefl gfroarn.
|: Und va der Annamirl ihrem Stådltürl,
dou håm ma ihrn Schubkoarrn gschmiert, und des håts gspiert! :|

GP: Kirwaburschen von Etzelwang (Amberg-Sulzbach)
AZ: Evi Strehl (2003), TR: AE

Weitere Vierzeiler:

Ja und bei uns dahoim, dou is's halt su der Brauch,
dou håut a jedes Moid'l ihra Luuch im Bauch.
|: Ja und der Schoustersbou, der hilft nou aa dazou,
der flickt de ganze Noaht[1] und bringt's niat zou. :|

Ja und in Minka[2] drinna, in der Augustina[3],
dou möi(ß)n se d'Moidla b'sinna, wöi's nan öiche[4] bringa.
|: Wenn's nan nou drinna håm, nou zwick'ns fester z'samm,
bis s' aa des letzte Tröpfl nu goar håm. :|

WE: 1 = Nacht, 2 = München, 3 = Augustiner, bekannte Gaststätte in München, 4 = hinunter
GP: Ernst Süß, vulgo Schouster Ernst, Hartmannshof (Nürnberger Land)
AZ: Ludwig Pfann (1941)

in: Pfann: Moidl van Staabruch, S. 11

Aaf der Zöiglhüttn[1] hockt a Spåtz am Dåch,
und im Wåld laafft der Hås der Häsin nåch.
|: Aaf der Hammerleitn[1] gäiht der Wind so kalt,
wenn der Schnäi vom Dåch oara fållt. :|

Neile durt amål, i mouß enk blouß vazöhln,
woar i aa(r)a weng ba aam Moi(d)l g'wen.
|: Is der Bauer kumma, groußer Schreck, o Graus,
bin i glei zum Köihstållfenster naus. :|

Va meim löibstn Schåtz, naa, dou louß e niat.
Dou ka(nn) sa(n), wöi's mågh, gleich wer de Welt regiert.
|: Wenn der Summer kummt, nou nimm e'n ba der Hand,
gäih i mit ihm dann zum Standesamt. :|

WE: 1 = Orts- und Flurname in der Nähe von Neukirchen bei Sulzbach-Rosenberg
GP: Hirschbachtaler Sänger, Hirschbach (Amberg-Sulzbach)
TR: AE (2003)
Melodie „I bin der Durlhofer", s. Eichenseer/Karrer: Jessas … S. 94

Ja, und ma alte Tante håut an groußn Kruapf,
döi håut zwöi Ochsnaugn und an dickn Kuapf.
Döi håut zwöi krumme Föiß und zwou lange Händ,
åber wenn's a Mannsbild siaht, nou kummt's schou grennt.

GP: Georg Fenzl, vulgo Scherbauer, Paulusbrunn (Egerland),
    später Tirschenreuth (Tirschenreuth)
AZ/TR: AE (1976)

Håb i öfter an Baam gschidlt

Håb i öf - ter an Baam gschi - dlt,[1] håb i
öf - ter an Ast buang, håb i öf - ter ma schöins
Böi - berl von__ Fen - za - la[2] ei - ni - zuang.

Öitza koa(r)i koin Baam schidln, öitza koa(r)i koin Åst böign,
öitza koa(r)ri koa schöins Böiwerl von Fenzala[2] eizöign.

Gäih(n) i aasse, gäih(n) i eine, siah(r)i neamads niat stöih.
Und dou mächt ja maa Herzerl vo Wäihding[3] vagäih.

Vor an an(d)ern lou(ß) nan loihna, vor an an(d)ern lou(ß) nan stöih.
Deanthålm[4] is hål(t) aaf dera Welt gåua[5] koa wenig mäiher[6] schöi.

WE: 1 = geschüttelt, 2 = Fensterlein, 3 = Schmerz, 4 = deshalb, 5 = gar, 6 = mehr
GP: Brander Viergesang, Brand (Wunsiedel)

in: Lehrgangsheft 12. OPf. Herbsttreffen Ensdorf (1997), S. 50. 3./4. Strophe
ähnlich in Bergmann: Liederbuch der Egerländer, S. 114

Du bist a Ei(n)trågersbou

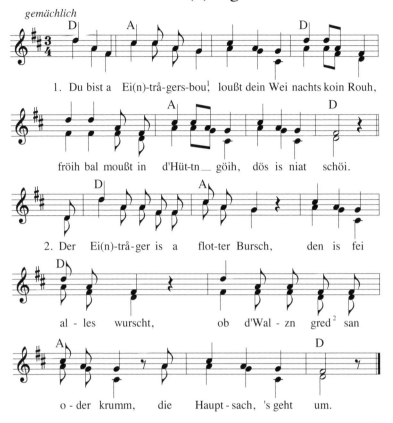

gemächlich

1. Du bist a Ei(n)-trå-gers-bou,[1] loußt dein Wei nachts koin Rouh,
fröih bal moußt in d'Hüt-tn göih, dös is niat schöi.

2. Der Ei(n)-trå-ger is a flot-ter Bursch, den is fei
al - les wurscht, ob d'Wal - zn gred[2] san
o - der krumm, die Haupt - sach, 's geht um.

3. Der Glåsmacher is a gstandner Ma(nn), schauts nur sei Baicherl a(n)!
's Bier schmeckt eahm aa so guat, löiber kaaft er koin Huat.

4. Feieråbnd is aa so schöi, ka(nn) ma in d' Kantine göih:
Saaffn allssamm wöi niat gscheit, a jedaner håt sei Freid.

WE: 1 = Glasmachergehilfe, 2 = gerade
GP: Franz Landgraf, Waldsassen (Tirschenreuth)
AZ / TR: AJE (1987)

in: Schötz / Wax: Singen im Tirschenreuther Land, S. 124. Selbstgemachte, den Glasmachern
gewidmete Verse auf eine bekannte Schnaderhüpflmelodie

Fidlgungas, fidlgungas

langsam

Fi - dl - gun - gas, fi - dl - gun - gas, zoag mar an
Weg in d'Möi[1] oi! Ko(nn)st net irr geh, ko(nn)st net
fei(hl)[2] geh, geh nur mit - t'n am Bach oi!

Fidlgungas, fidlgungas, öitz wird d'Houzat[3] bål(d) wer(d)n,
l: geh'n i aa drei, geh'n i aa drei mit der brochan Latern. :l

Wenn i z'morgn fruah aafsteh, denk i an God,
l: danå(ch) an mei Deandl, danå(ch) schnei(d)n ma Gsod[4]. :l

Verlorn und verto(n), wås geht's ander Leit o?
l: Frau Wirtin, schenk ei, dass e austrinka ko(nn)! :l

Aaf der Bäihmstraß is a Wirtshaus, sitzt a Deandl drin mit a Filzlaus,
l: kimmt der Schergenknecht, führts ins Zuchthaus wegn oaner Filzlaus. :l

Und 's Deandl håt g'sagt, sie måg me nimmer,
l: ko(nn) leicht a so sågn, i volang ma's nimmer. :l

Deandl, i hätt de gern, meine Leit sehgn's net gern.
l: Deine führn aa(r) an Zoa(r)n wegna uns zwoan. :l

Hån Buttermill[5] g'spunna und Holzapfl klobn,
l: hån Spa(n)schoiter[6] g'hachlt[7] am Ba(ck)ofa drobn. :l

Schneid e Biribaam, schneid e Buxbaam, schneid e Biribux und Baamalan,
l: kröign ma an schöin' Tanzbo(d)n, an biribuxbaamern, an raarn. :l

WE: 1 = Mühle, 2 = fehl, 3 = Hochzeit, 4 = klein geschnittenes Heu, 5 = Buttermilch,
6 = Späne, Anzündholz, 7 = gehackt
GP: Geiss, Greising (Deggendorf)
AZ / TR: Ludwig Simbeck (ca. 1930)

in: Huber / Simbeck: Niederbairisches Liederbuch, S. 76f.

Dialektschreibweise etwas vereinfacht

Musikant'n, ös Schwaanz

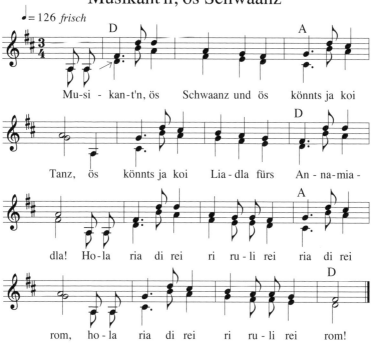

♩ = 126 *frisch*

Mu-si - kan-t'n, ös Schwaanz und ös könnts ja koi Tanz, ös könnts ja koi Lia - dla fürs An - na-mia - dla! Ho - la ria di rei ri ru - li rei ria di rei rom, ho - la ria di rei ri ru - li rei rom!

Wann's Wirtshaus a Kircha waar,
's Mensch an Altår,
då möcht i Pfarrer sei
siebn an acht Jåhr! Hola ria …

Woaß i no oa(n)s, woaß i no oa(n)s,
mou aa no vüra,
beim Deandl im Bett
liegt a Rauchfangkiehrer! Hola ria …

GP: zwei Sängerinnen aus der Böhmerwäldler-Siedlung Wolfsberg,
    Josephinental, Banater Bergland (Rumänien)
AZ/TR: WM (1968)
Auch andere Vierzeiler möglich

Hinter der Hollerstau(d)n

Hin - ter der Hol - ler-stau(d)n, då sitzt a Grill;

håt a weng vü - ra - g'schaut, å - ber net viel.

Håt a weng vü - ra-g'schaut, vü - ra-g'schaut, vü - ra-g'schaut,

håt a weng vü - ra - g'schaut, å - ber net viel.

Hint' aaf der Ofabank, då sitzt mei Wei(b),
rüahrt in an Degl[1] um und kocht an Brei.
Rüahrt in an Degl um, Degl um, Degl um,
rührt in an Degl um und kocht an Brei.

Hint' aaf 'm Kanapee, då sitzt mei Mo,
blåst in sein Bumbererton[2] so guat, wäi er ko'.
Blåst in sein Bumbererton, Bumbererton, Bumbererton,
blåst in sein Bumbererton so guat, wäi er ko.

WE: 1 = Tiegel, Topf, 2 = Bombardon, Basstuba
GP: Alfred Weiß, Grafenried (Böhmerwald), später Waldmünchen (Cham)
AZ/TR: Sepp Roider (1984/85)

in: Lehrgangsheft 9. OPf. Herbsttreffen Waldmünchen (1994), S. 32.

Die erste Strophe ist überliefert, die zweite hat Alfred Weiß hinzugedichtet, und die dritte stammt von Roiders Frau anläßlich seiner wiederholten erfolglosen Versuche, Tuba zu lernen.

GIGL, GEIGL, NO A SEIDL

Gäih i hint aasse
(Roja-Stückl)

gemächlich

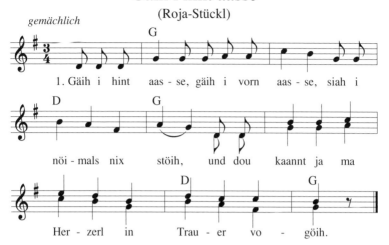

1. Gäih i hint aas - se, gäih i vorn aas - se, siah i
nöi - mals nix stöih, und dou kaannt ja ma
Her - zerl in Trau - er vo - göih.

2. Und in Trauer vogöih und im Herzen woina,
   und dou siah i mei schöins Moidl vo an andern loihna[1].

3. Mit an andern loihna, mit an andern sprecha,
   dou kaannt ma ja mein Herzerl in der Mitt' zerbrecha.

WE: 1 = lehnen
GP: Josef Wiederer, Gumplitz (Egerland), später Bärnau (Tirschenreuth)
AZ: Ingrid Leser (1983), TR: AE

Wenn i near a Dipfl häitt'

Wenn i near a Di-pfl häitt', wou Böi-a drin-na waar, wou
Böi-a drin-na waar, wou Böi-a drin-na waar, i
hän-gat an dean Di-pfl dra(n) und saaf-fat wöi a Naarr und
saaf-fat wöi a Kouh im-mer - zou. Jes-sas na, wöi
is an des? Ja, ja, wöi is an des? Ja, ja, wöi waar an des,
waar an des? Jes-sas na, wöi is an des? Ja, ja, wöi
waar an des mit uns-rer Res?

A Amsl is koi Drossl niat,
|: a Wildsau is koi Bär. :| 3x
Åber Deanderl, wennst a Busserl willst,
|: nou halt dei Goscherl her :| bei der Nacht.

GP: Bartolomäus Lobinger, vulgo Bouwerl Bath, Zeinried / Teunz (Schwandorf)
AZ / TR: AE (2011)
Weitere Vierzeiler bei „Unser ålte Wawa" in: Eichenseer / Karrer: Freinderl …, S. 38f.

Döi Wirtsstubn, döi is eckat

1. Döi Wirts-stubn, döi is e-ckat, ja und d'Wir-tin, döi is rund. Hol-la - ri, hol-la - lom, hol-la - ri, hol-la - lom. Und der Wirt, der gro-be La-ckl is a zaun-dür-rer Hund. Hol-la - ri, hol-la - lom, hol-la - lom.

2. Ja, waal der Wirt nimmer ko,
   is nan d'Wirtin davo, hol-la-ri …
   Ei, siehgst as, Moidl,
   Öitza san ma aa wieder då, hol-la-ri …

GP: Michael Bauer, vulgo Kaasgagl Michl, Wildstein/Teunz (Schwandorf)
AZ: WM (1992), TR: Evi Heigl

Und wenn ma Wei(b) sua zankn tout

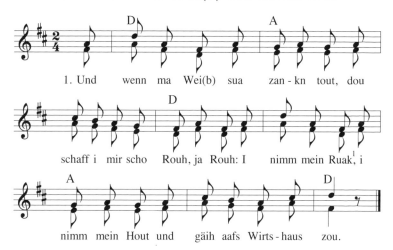

1. Und wenn ma Wei(b) sua zan-kn tout, dou schaff i mir scho Rouh, ja Rouh: I nimm mein Ruak,[1] i nimm mein Hout und gäih aafs Wirts-haus zou.

2. Dou blei(b) i sitzn bis aaf d'Nåcht,
   va Nåcht bis ei(n) in d'Fruah.
   Und håut sie des neat stilla gmåcht,
   sua trink i hålt sua zou.

3. Und wenn sie mit Spektakl kummt,
   des röihat[1] mi niat oa(n),
   i lang nouch meina Hålwa[2] gschwind
   und denk, i bin der Moa(n).

4. Und siaht sie reat[3] vadröißli[4] dra(n)
   und sågt: „Ja bist du gscheit!"
   Dou lou(ß) i Wirtshaus Wirtshaus sa(n),
   gäih hoim mit latter[5] Freid.

WE: 1 = rührt, 2 = Halbe (Bier), 3 = recht,3 = recht,
    4 = verdrießlich, mißmutig, grantig, 5 = lauter
GP: o.A., Eger-Plan (Egerland)

in: Brosch: Der Liederschatz des Egerlandes, Nr. 645 (dort ohne Melodie)

Mit Schnaderhüpfl-Melodie: „Dass i a lustigs Bürscherl bin"
in Eichenseer / Karrer: Freinderl …, S. 104

U wou, wou, u wou, wou

GP: Fischer, Braun, Heinisch, Stadt Kemnath (Tirschenreuth)
AZ: HK (1987)

in: Lehrgangsheft 7. OPf. Herbsttreffen, Immenreuth (1992), S. 19

Åber jung san ma's gwen

– Lust am Klang –
(Jodler und Arien)

Åber jung san ma's gwen
(Konzeller Ari)

GP: Georg Pangerl, Stocksgrub / Rettenbach (Regensburg)
AZ / TR: WM (1991)

Varianten:

's Konzellera Dörfal is scheib'nkuglrund,
|: ja, då wann ma aussn ummageht, nachat beißt eahm koa Hund. :|

Im Konzellera Dörfal geht's kreuzluste zua,
|: ja, då wachst koa Betschwesterl auf und koa trauriger Bua. :|

Åber auslassn tean ma net, weit liaber sterbn,
|: auf an Stoahäuferl hausn und kloaweis verderbn. :|

Wann ma mir amoi sterbn, wer(d) ma eigråbn in d Erd.
|: Åber då wer(d)n de Leut sågn, der waar's Ausgråbn no wert. :|

GP: Geschwister Ettl, Konzell (Regen)
AZ / TR: WM (1991)

Åber wenn oaner Sepperl hoißt

(Sepperl-Ari)

langsam

Å-ber wenn oa-ner Sep-perl hoißt, na håt's hålt scho

gfeit, weil er går so gern auf-fe-steigt auf die Wei-ber-

leut. Å-ber wenn oa-ner Sep-perl hoißt, na håt's hålt scho

gfeit, weil er går so gern auf-fe-steigt und Ke-gl scheibt.

GP: Georg Pangerl, Stocksgrub / Rettenbach (Regensburg)
AZ / TR: WM (1983) IfV: Tb 227r/25-35

In Anlehnung an die Melodie von „Z' Dimmldong hams an Schimml ghabt"

Josef Oberberger:
„Ich bin ein Oberpfälzer …"

Du ålte Zigeinerin

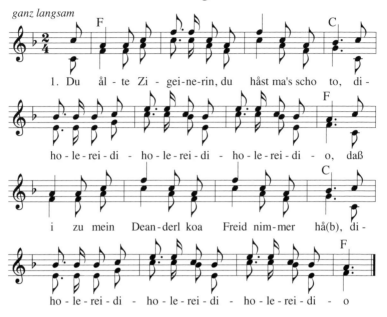

ganz langsam

1. Du ål - te Zi - gei-ne-rin, du håst ma's scho to, di -
ho - le - rei - di - ho - le - rei - di - ho - le - rei - di - o, daß
i zu mein Dean - derl koa Freid nim - mer hå(b), di -
ho - le - rei - di - ho - le - rei - di - ho - le - rei - di - o

2. Geh, ålte Zigeinerin, geh tou ma's wieder, di ho le rei-di ...
dass i zu mein Deanderl a Freid hå(b) wieder, di ho le rei-di.

GP: Martha Kollmer, Lohberghütte / Lohberg (Cham)
AZ / TR: Sepp Roider (2001)

in: Lehrgangsheft 16. OPf. Herbsttreffen Alteglofsheim (2001), S. 87

Hei-djo-dl-di

(Dri-schneidi)

GP: Josef Stich, Lindberg (Cham)

AZ/TR: WM (1974)

in: Liederheft Gesa Folkerts Nr. 5 (2000), S. 22f.

Åber entahål(b) der Doana

1. Å-ber en-ta-hål(b) der Doa-na, då hoißt 's hålt am Gai, di re ho-la-ri, ho-la-ri, ho-le ra-la-ro, hoi-di ri ho-le ra-la-ro! Då is ma oa Dean-dl lia-ber als im Wåld he-rin drei! Di re ho-la ri, ho-la-ri, ho-le ra-la-ro hoi-di ri ho-le ra-la-ro

2. Und die Deandln am Gai[1]
   håm a Geld als wia's Hai[2],
   und die Deandln im Wåld
   håm a Herzerl wia's Gold.

3. Und die Katzn vom Gai
   fressn d'Mäus ållweil glei.
   Und de Katzn vom Wåld
   fressns, wann's eahna gfallt.

WE: 1 = Gäu, 2 = Heu
GP: Vierzeiler 1 und 2: Alte Sänger in Zwiesel (Regen),
    Vierzeiler 3 von WM ergänzt
AZ: Franz Schötz, Xander Wandinger (1990), TR: WM

Ho-la-ra he-i-ri

(Wåld-Ari)

langsam und breit ♩ = 48

Ho - la - ra he - i - ri, ri - dul jo - i - ri,

ho - la - ra he - i jo - i ri - dul - jo - i ri.

Ho - la - ra he - i - ri, ri - dul jo - i - ri,

ho - la - ra he - i jo - i ri - dul - jo.

GP: Böhmerwäldler in Wolfsberg, Banater Bergland (Rumänien)
AZ / TR: WM (1985)

Mia san ma vom Grandschber(g)

(Grandschberg-Ari)

♩ = 96 *langsam und breit*

1. Mia san ma vom Grandsch-ber(g),[1] hul - djo!
Hol-la-ra di re hu-li-o, hol-la-ra di re hu-li-o,
hol - la - ra di ri di ri hul-djo, hol - la - ra di
re hul - djo, hol - la - ra di ri - a ho!

2. Und morgn müaß ma bettln geh,
   ham ma ja koan Såck, dra dio
   holara diridi re huldjo …

WE 1 = Grandsberg, Ort im Oberen Bayerischen Wald

GP: Gebrüder Wittmann, Rettenbach bei St. Englmar (Straubing-Bogen)
    „Bäckerbauermichl", Klinglbach (Straubing-Bogen)

AZ: Günther Kapfhammer (1963), TR: AE

in: Kapfhammer Günther: St. Englmar. Eine volkskundliche Ortsmonografie. München
1968, S. 135. Von WM leicht zurechtgesungen.

Im Wirtshaus is's scheener wia(r) auf der Welt.

Löiber an Mågn varrenka
als an Wirt wås schenka. Prost!

Iss und trink, solang dir's schmeckt,
schon zweimal ist das Geld verreckt.

Jeder lebt nur einmal,
dann muss er wieder wandern.
Was du nicht getrunken hast,
das trinken dann die andern.

Ma kaannt leicht auf's Sterbn verzichtn,
wenn ma ållaweil im Wirtshaus hocka kaannt.

Bist du beim Zechen,
so bleib dabei!

Es geht nirgends so zua
als wia(r) im Wirtshaus und auf der Welt.

Sauf dich voll und iss dich dick
und halt das Maul bei Politik.

Wenn ma wieslt und niat pfurzt,
meint der Popus, er kommt z'kurz.

Wer im Wirtshaus mehr als Prost sagt,
is a Plauderer.

Heimat: Wenns'd net furtgehst,
halts d'as dahoam net aus.

Anhang

– diverse Register –

Abkürzungsverzeichnis

OVA: Oberpfälzer Volksmusikarchiv, Kulturverwaltung des Bezirks Oberpfalz,
Ludwig-Thoma-Str. 14, 93051 Regensburg
IfV: Institut für Volkskunde, Barerstr. 13, 80333 München
Tb: Tonband

WE: Worterklärung
GP: Gewährsperson
Name, Aufzeichnungsort, Gemeinde (Landkreis)
AZ: Aufzeichner (Aufzeichnungsjahr)
TR: Transskribent (= Notenübertrager)

AE: Adolf Eichenseer
HK: Helmut Kreger
WM: Wolfgang Mayer
o.A.: ohne Autor bzw. Autor unbekannt
o.J.: ohne Jahr
o.O.: ohne Ort

GIGL, GEIGL, NO A SEIDL

Quellenverzeichnis

I. Oberpfalz

Bayerischer Landesverein für Heimatpflege: Lehrgangshefte zum:

- 1. Herbsttreffen Oberpfälzer Sänger, Tänzer und Musikanten vom 14.11.–16.11.1986 auf dem Habsberg, zusammengestellt von Franz Schötz und Wolfgang Mayer
- 5. Herbsttreffen Oberpfälzer Musikanten, Tänzer und Sänger vom 16.–18.11.1990 im Schullandheim Pleystein, zusammengestellt von Franz Schötz und Wolfgang Mayer
- 6. Herbsttreffen Oberpfälzer Musikanten, Tänzer und Sänger vom 15.–17.11.1991 in Kastell Windsor, zusammengestellt von Franz Schötz und Wolfgang Mayer
- 7. Herbsttreffen Oberpfälzer Musikanten, Tänzer und Sänger vom 27.–29.11.1992 in Immenreuth, zusammengestellt von Franz Schötz
- 9. Herbsttreffen Oberpfälzer Musikanten, Tänzer und Sänger vom 18.–20.11.1994 im Jugendhaus Waldmünchen, zusammengestellt von Franz Schötz mit Beiträgen von Sepp Roider und Wolfgang Mayer
- 11. Herbsttreffen Oberpfälzer Musikanten, Tänzer und Sänger vom 22.–24.11.1996 im Familienerholungsheim Sulzbürg, zusammengestellt von Franz Schötz und Hans Wax
- 12. Herbsttreffen Oberpfälzer Musikanten, Tänzer und Sänger vom 21.–23.11.1997 im Haus der Begegnung in Ensdorf, zusammengestellt von Franz Schötz und Hans Wax
- 13. Herbsttreffen Oberpfälzer Musikanten, Tänzer und Sänger vom 6.–8.11.1992 im KAB-Bildungs-und Erholungszentrum Strahlfeld, zusammengestellt von Franz Schötz und Hans Wax
- 14. Herbsttreffen Oberpfälzer Musikanten, Tänzer und Sänger vom 19.–21.11.1992 im Haus der Begegnung in Ensdorf, zusammengestellt von Franz Schötz, Stephan und Bernhard Lauerer, Evi Heigl, Ilona Koppitz, Sepp Roider, Hermann Frieser, Wolfgang Mayer und Hans Wax
- 15. Herbsttreffen Oberpfälzer Musikanten, Tänzer und Sänger vom 17.–19.11.2000 im Haus der Begegnung in Ensdorf, zusammengestellt von Ilona Koppitz, Evi Heigl, Stephan Lauerer, Wolfgang Mayer, Franz Schötz und Hans Wax
- 16. Herbsttreffen Oberpfälzer Musikanten, Tänzer und Sänger vom 16.–18.11.1992 in der Bayerischen Musikakademie in Alteglofsheim, mit Beiträgen von Peter Fink, Evi Heigl, Monika Zase, Stephan Lauerer, Wolfgang Mayer, Sepp Roider, Franz Schötz und Hans Wax

Eichenseer, Adolf J. / Mayer, Wolfgang A.: Volklieder aus der Oberpfalz und angrenzenden Gebieten, Bd. 1: Gesungene Bairische, Regensburg 1976 / 2. Aufl. 2000

Eichenseer, Adolf J.: Volklieder aus der Oberpfalz und angrenzenden Gebieten für Kinder und Jugendliche, Regensburg 1979

Eichenseer, Adolf J. / Karrer, Lothar E.: Freinderl, wann geh ma hoam – Wirtshauslieder aus der Oberpfalz und angrenzenden Gebieten, Regensburg 1999 / 3. Aufl. 2009

Eichenseer, Adolf J. / Karrer, Lothar E.: Jessas, is's im Wirtshaus schee – Wirtshauslieder aus der Oberpfalz und angrenzenden Gebieten, Regensburg 2006 / 2. Aufl. 2009

Egerländer Trachtengruppe des Heimatkreises Bischofteinitz e. V. in Brunslar / Wolfershausen: Liedergruß aus dem Egerland – Böhmerwald – Erzgebirge 1975

Institut für Volkskunde München: Register- und Beispielsammlung zu den Forschungsexkursionen des Instituts für Volkskunde in die Oberpfalz, München 1981 (Ms.) Ursula Heigl – Max-J. Liertz – Luise Lutz – Wolfgang A. Mayer – Franz Schötz

Kreger, Helmut: Liedersammlung des Singkreises Vetter Hannes, Mitterteich 1989–2003

Kreger, Helmut: Tirschenreuther Liedermappen – Lieder aus dem Stiftland, Steinwald und Kemnather Land, 1994–2004, Hefte 1–5 hg. von Helmut Kreger für den Lkr. Tirschenreuth, Hefte 6–9 hg. von Oberpfälzer Volksmusikfreunde

Lindl, Peter: Zwiefache. Lauf 2006 (Hs.)

Oberpfalz-Verlag: Die Oberpfalz, verschiedene Jahrgänge

Pfann, Ludwig: Moidl van Staabruch
– Wirtshaus- und Kirwalieder aus Hartmannshof und Umgebung. Amberg 2009

Pröls, Ilse: Das oberpfälzische Lenewendentum – Gereimtes und Ungereimtes aus dem Volksleben der Oberpfalz, (Ms.) o.O., o.J.

Röhrich, Roland: Das Schönwerth-Lesebuch, Regensburg 1981

Schmaus, Rudolf: Gut Bayrisch! Sammlung von originellen altbayerischen Tänzen aus dem vaterländischen Osten für Pianoforte zu zwei Händen. 2 Hefte, Regensburg o.J. [ca. 1920]

Schötz, Franz/Wax, Hans: Singen im Tirschenreuther Land, Kallmünz 2006

Seidl, Hanns: Oberpfälzische Volkslieder, München 1957

ders.: Gesungene Zwiefache, München 1957

Wittl, Herbert: Hupf mit der Durl – Kinderlieder aus der Oberpfalz, Regensburg 2003

II. Nieder- und Oberbayern

Bayerischer Landesverein für Heimatpflege: Lehrgangshefte zum:

– 1. Volksmusik-Lehrgang: „Lied, Musik und Tanz in Altbayern" vom 23.5.–29.5.1983 im Schullandheim in Riedenburg, zusammengestellt von Erich Sepp

– 10. Herbsttreffen Niederbayerischer und Oberpfälzischer Musikanten, Tänzer und Sänger vom 28.–31.10.1983 in Kastell Windsor bei Rettenbach, OPf., zusammengestellt von Uschi Schötz

– 12. Herbsttreffen Niederbayerischer Musikanten, Tänzer und Sänger vom 25.–27.10.1985 in Wurmannsquick, zusammengestellt von Uschi Schötz

– 13. Herbsttreffen Niederbayerischer Musikanten, Tänzer und Sänger vom 24.–26.10.1986 in Finsterau, zusammengestellt von Franz Schötz

– 14. Herbsttreffen Niederbayerischer Musikanten, Tänzer und Sänger vom 2.–4.10.1987 in Geisenhausen, zusammengestellt von Franz Schötz

– 17. Herbsttreffen Niederbayerischer Musikanten, Tänzer und Sänger vom 19.–21.10.1990 in Raßreuth, zusammengestellt von Franz Schötz

– 18. Herbsttreffen Niederbayerischer Musikanten, Tänzer und Sänger vom 8.–10.11.1991 in Lam, zusammengestellt von Franz Schötz und Wolfgang Mayer

Becher, Eva/Mayer, Wolfgang A.: Münchner Liederbuch – Lieder und Lexikon So lang der Alte Peter am Petersbergl steht, München 2008

Fanderl, Wastl: Is's a Freud auf der Welt, 1987

Fassl, Anette: Geigt und gsunga – Wirtshaus- und Tanzmusik zum Mitsingen, München 1997

Hönle, Alois: Gereimte Witze, Münchner Blut, München o.J.

Huber, Kurt/Simbeck, Ludwig: Das niederbayerische Liederbuch, 2. Aufl., München, o.J.

Kiem, Pauli: Oberbayerische Volkslieder, München 1934

Kienberger Rosa, Hs. Slg. Rattenberg um 1930

Klier, Karl Magnus: Volkslieder aus dem Holzland, Ostbairische Grenzmarken 19, Passau 1930

Laturell, Volker D./Mayer, Wolfgang A./Held, Dagmar: Alte und neue Münchner Couplets – Volksmusik in München, Heft 13, 1990

Mayer, Wolfgang: Hs. Liederheft Gesa Folkerts 1–9 (1994–2007)

Mayer, Wolfgang (Hrsg): Die Raindinger Handschrift (1845–1850). Eine Liedersammlung aus Niederbayern Quellen und Studien zur musikalischen Volkstradition in Bayern II, Bd. 1), München 1999

Neumaier, Ferdinand: Sing ma(r)a weng, Landshut, 1957

Schmaus, Rudolf: Gut Bayrisch! Nr. 12

Schmidkunz, Walter: Das leibhaftige Liederbuch, Wolfenbüttel 1938

Seefelder, Maximilian/Eberwein-Seefelder, Marlene: Das Eberwein-Liederbuch, Neuauflage, München 1989

Verband der katholischen Burschenvereine für das Königreich Bayern: Mädchenliederbuch, besonders zum Gebrauche für katholische Mädchenvereine, Jungfrauenvereine und Kongregationen, Dienstmädchen- und Arbeiterinnenvereine, Institute und hauswirtschaftliche Schulen. 4. Aufl. Regensburg 1911

Zacherl, Wolf: Zünftige bayerische Lieder 1. Bd. München, o.J.

o.A.: Der Gitarr-Franzl, München 1920

o.A.: Der Klampfn-Toni, München 1915

o.A.: Der Singvogel, 4. Aufl. Passau 1961

III. Franken und Schwaben

Bayerischer Landesverein für Heimatpflege:
Volksmusiksammlung und -dokumentation
in Bayern, Nr. E16, Bericht über eine Feld-
forschungsexkursion durch das südwestli-
che Mittelfranken von Wolfgang A. Mayer,
Evi Heigl, Annemarie Haindl, Martin
Lanner, Peter Rötzer, München 2001

Degelmann, Ingeborg: Fränkisch g'sunga
und g'sagt, Kulmbach 1991

Ditfurth, Franz Wilhelm von: Fränkische
Volkslieder Bd. I/II, Leipzig 1855

Griebl, Armin / Schierer, Heidi: Wenn mir
beisamme sitze – Gesellige Lieder vom
Untermain, Schriftenreihe des Landkrei-
ses Miltenberg, Bd. 3, Amorbach, o.J.

Held, Dagmar / Rachuth, Uwe: Ja weil wir
Mondscheinbriader san
Krumbach o.J.

Schützenverein Leibelbach Frankenthal:
Z'sam g'hockt. Z'sam g'sunga. Ein Lie-
derbuch. Eigenverlag Herrieden 1988

Zachmeier, Erwin und Franziska: Die
Liedersammlung des Christian Nützel,
München 1987

IV. Egerland und Böhmerwald, heute Tschechien

Baumann, Erich: Egerländer Volkslieder
aus dem ehemaligen Kreis Tachau-
Pfraunberg, Geretsried 1990

Bergmann, Alois: Liederbuch der Egerländer,
Geislingen 1952

Brosch, Albert: Der Liederschatz des
Egerlandes, 4 Bände, hg. von Seff Heil,
Sulzbach-Rosenberg 1986

Grünbauer, Horst: 75 Lieder aus dem singen-
den, klingenden Dorf an der böhmisch-
bayerischen Grenze, München 1981

Hofmann, Josef: Hausbåchans Brout,
Karlsbad 1914

Hruschka, Alois / Toischer, Wendelin: Deut-
sche Volkslieder aus Böhmen, Prag 1888

Jungbauer, Gustav: Volkslieder aus dem
Böhmerwald, Prag 1930

Jungbauer, Otto / Horntrich, Herbert: Die
Volkslieder der Sudentendeutschen,
Kassel 1941 / Nachdruck 1984

Rittersberg, Johann von: České národni pjsne
– Böhmische Volkslieder, Prag 1825
Nachdruck hg. von Erich Baumann:
Deutsche Volkslieder aus Böhmen 1825
mit Liedern und Tänzen aus dem Eger-
land, Nürnberg 1984

Tyllner, Lubomir / Kunz, Thoma Anton:
Böhmische Nationalgesänge und Tänze,
Bd. 1, Prag 1995

Zerlik, Otto / Bayer, Gustav: Hol-la-rou-di,
Karlsbad 1937

V. Deutschland und Österreich

Andersen, Ludwig: Mein Heimatland. Die
schönsten Volks-, Wander-, Trink- und
Scherzlieder, Mainz 1955

Bergolth, Leopold: Volkslieder aus dem
Bezirk Tulln (Ms.), vor 1972

Brednich, Wolf W.: Erotische Lieder aus
fünfhundert Jahren, Frankfurt a.M. 1979

Deutsches Volkslied: Das Deutsche Volkslied
32 (1930)

Kotek, Georg / Zoder, Raimund: Stimme der
Heimat. Ein österreichisches Volkslieder-
buch, 1. Aufl. Wien 1948

Meingassner, Franz: Aufspiel und singa,
essn und trinka! Lieder fürs und ums
Wirtshaus, Linz 1997

Pommer, Josef: Plattl-Lieder, Wien 1910

Traut, Horst: Der Hallodri. Liedersammlung
aus mündlicher und schriftlicher Über-
lieferung Ende des 20. Jahrhunderts im
Thüringer Wald, o.O. 2007

Weidinger, Gertrud: Die schönsten Trink-
lieder, o.O., 2000

Personenverzeichnis

Aufzeichner / Transkribenten

Eichenseer, Adolf (= AE), Regensburg, 18f., 21f., 25, 27f., 31, 33, 45, 49, 53, 56f., 64, 66f., 75, 77, 79, 89f., 97, 101, 109, 110, 112f., 118f., 121, 127, 129f., 133–135, 137, 140, 147, 149, 151, 153, 155, 157, 167, 169, 173, 177–181, 183, 185, 189–191, 197, 203, 205f., 208, 210f., 217, 219f., 224–227, 231, 234, 239, 241f., 251f., 259–261, 267f., 280, 284

Fassl, Anette, Ingolstadt, 95, 286

Heigl, Evi, Augsburg, früher Hagelstadt (Regensburg), 39, 102, 187, 249, 269, 285, 287

Höhenleitner, Thomas, München, 102

Huber, Joseph, Abensberg, 125, 264, 286

Kreger, Helmut (= HK), Kornthan / Wiesau (Tirschenreuth), 31, 52, 67, 71, 109, 122, 129, 177–179, 197, 200, 217, 221, 224, 225, 230, 259, 271, 284

Leser, Ingrid, Bärnau (Tirschenreuth), 107, 267

Mayer, Wolfgang (= WM), Raisting (Weilheim-Schongau), 17, 38f., 43, 47, 59, 69, 73, 75, 83f., 87, 89f., 102f., 131, 161, 166, 168, 175, 183, 185, 195, 199, 202, 215, 233, 235, 247, 249, 253, 265, 269, 274f., 277–284

Pollety, Elfriede, Straubing, 201

Roider, Sepp, Katzbach / Cham (Cham), 23, 125, 193, 266, 276, 285

Schötz, Franz, Haslbach (Straubing-Bogen), 38, 73, 75, 83, 84, 107, 168, 175, 183, 187, 189, 195, 211, 263, 278, 285, 286

Simbeck, Ludwig, Deggendorf (Deggendorf), 125, 264, 286

Spörer, Friedrich, Hohenburg (Amberg-Sulzbach), 24

Stauber, Markus, Sulzbach-Rosenberg (Amberg-Sulzbach), 66, 105, 111, 258

Strehl, Evi, Sulzbach-Rosenberg (Amberg-Sulzbach), 260

Wandinger, Xander, Benediktbeuren (Bad Tölz-Wolfratshausen), früher Hechenberg / Dietramszell (Bad Tölz), 187, 278

Gewährspersonen

Altmann Karl, Rittsteig / Neukirchen b.Hl. Blut (Cham), 125, 166

Bauer, Michael, Wildstein / Teunz (Schwandorf), 269

Bayer, Gerhard, Oed / Weigendorf (Amberg-Sulzbach), 22, 90, 180, 181, 190, 28

Bayerl, Rudi, Neumarkt i.d.OPf (Neumarkt), 65

Becher, Kurt, München, 53, 56, 123, 201, 232, 286

Berg Frieda, Nunsting / Cham (Cham), 23

Binder, Hanns, Sulzbach-Rosenberg (Amberg-Sulzbach), 19, 186, 187

Birzer Franz, Kirchenlaibach / Speichersdorf (Bayreuth), 215

Blaskapelle Viehhausen / Sinzing (Regensburg), 119

Böhm, Richard, Mähring (Tirschenreuth), 18

Böhmerwäldler, Wolfsberg, Wolfsberg / Banater Bergland (Rumänien), 279

Brander Viergesang, Brand (Wundsiedel), 262

Brandl Maria, Regensburg, 11, 28

Brosch Wenz, Schönhaid / Wiesau (Tirschenreuth), 17, 29, 41, 85, 111, 124, 130, 142, 167, 185, 221, 235, 248, 270, 287

Busch, Reinhold, Tressau / Kirchenpingarten (Bayreuth), 28, 102

Demleitner, Alois, Stein / Trausnitz (Schwandorf), 211, 234

Dill, Willibald, Bärnau (Tirschenreuth), früher Paulusbrunn (Egerland), 107

Ertl, Roland, Sinnleithen / Edelsfeld (Amberg-Sulzbach), 66

Ettl, Konzell (Regen), 277

Falkensteiner Gretl, München, 47

Fenzl, Georg, Tirschenreuth, früher Paulusbrunn (Egerland), 189, 261

Fink, Ernst, Marktleuthen (Wunsiedel), früher Neudek (Erzgebirge), 31, 137, 140, 157, 179, 206, 225, 230, 285

Fischer / Braun / Heinisch, Stadt Kemnath (Tirschenreuth), 271

Fischer, Maria, Wildstein / Teunz (Schwandorf), 151, 271

Freystädter Sänger, Freystadt (Neumarkt), 247

Fuchs Resi, Witzenzell / Falkenstein (Cham), 118

Gebrüder Wittmann, Rettenbach bei St. Englmar (Straubing-Bogen), 280

Geiss, Greising (Deggendorf), 264

Gerstner, Josef, Neualbenreuth (Tirschenreuth), 83

Geschwister Ettl 274

Gessendorfer Hans, Regensburg, 56

Gleißner, Georg, Güttern / Fuchsmühl (Tirschenreuth), 71

Gollwitzer, Alfons, Woppenrieth / Waldthurn (Neustadt a.d.Waldnaab), 97, 231

Grimm, Wolfgang, Willerszell / Falkenfels (Straubing-Bogen), 200

Groß, Gerhard, Cham (Cham), 55,100

Grötsch, Achim, Sulzbach-Rosenberg (Amberg-Sulzbach), 111

Gruber, Bernhard, München, 145

Haberkorn, Josefa, Konnersreuth (Tirschenreuth), 85

Haindl, Maria und Gust, Zwiesel (Regen), 287

Hämmerle Kreszentia, Wiederhofen (Allgäu), 47, 249

Härtl, Mathilde und Michael, Falkenberg (Tirschenreuth), 235

Himmelstoß Jackl und Rosa, Sulzbach a. d. Donau / Donaustauf (Regensburg), 178

Hirschbachtaler Sänger (Amberg-Sulzbach), 261

Hofmann, Alois, Waldeck (Tirschenreuth), 195

Jaklin, Hans, Stich bei Wiesengrund (Egerland), 17

Kapelle Holzapfel, Rattenberg (Straubing-Bogen), 241

Kapelle Oskar Sattler, Wiesenfelden / Straubing-Bogen, 75, 95

Kasparides Helga, Schwarzenfeld (Schwandorf), 255

Kautnik Wenzel, Silberberg (Böhmerwald), 163

Kistenpfennig, Alfons, Neustadt a.d.Waldnaab (Neustadt a.d.Waldnaab), 231

Klier, Margarete, Eger (Egerland), 4, 286

Klimmer, Therese, Busmannsried / Regen (Regen), 171

Knahn, Christian, Schwend / Birgland (Amberg-Sulzbach), 89

Kohler Christian, Neukirchen (Tirschenreuth), 43

Kollmer Martha, Lohberghütte / Lohberg (Cham), 276

Köstner Maria, Böhmerwäldlersiedlung Wolfsberg (Rumänien), 161

Kraus, Karl, Königshütte / Leonberg (Tirschenreuth), 109, 175

Kraus Wolfgang, Bocksdorf / Erbendorf / Tirschenreuth), 175

Kreger 3, 52, 67, 71, 100, 122, 177, 197, 217, 224, 259, 284, 285, 286

Kunz, Xaver, Fuchsmühl (Tirschenreuth), 109

Landgraf, Franz, Waldsassen (Tirschenreuth), 263

Lang Hugo, Kringing / Ringelai (Freyung-Grafenau), 90, 220

Lindl, Peter, Lauf a.d.Pegnitz (Nürnberger Land, früher Berching (Neumarkt), 130, 285

Lobenhofer, Josef und Maria, Schwarzenfeld (Schwandorf), 27, 110, 143, 219, 255

Lobinger, Andreas, Oberviechtach (Schwandorf), 64, 126

Lobinger Bartholomäus, Zeinried / Teunz (Schwandorf), 64, 89, 126, 134, 219, 268

Lorenz, Heinz, Burglengenfeld (Schwandorf), früher Falkenau (Egerland), 207

Lottner, Rudolf, Bierlhof / Trausnitz (Neustadt a.d.Waldnaab), 211, 234

Lukas, Anna, Waldeck (Tirschenreuth), 199, 208

Mahr, Helmut, Oberasbach (Fürth), 226

Meierl Josef, Wiesau (Tirschenreuth), 211

Mühlbauer Johann, Rattenberg (Straubing-Bogen), 33, 208

Müller, Josef, Haigrub / Perasdorf (Straubing-Bogen), 202

Oberislinger Dorfmusik, Regensburg, 90

Pangerl, Georg, Stocksgrub / Rettenbach (Regensburg), 73, 274, 275

Pecher, Hans, Tirschenreuth, früher Neudek (Erzgebirge), 52, 67, 122, 177, 197

Pfab, Sepp, Mangolding / Mintraching (Regensburg), 39, 77

Pietsch, Rudi, Wien (Österreich), 4, 101

Plank, Johann, Falkenberg (Tirschenreuth), 233

Pongratz Roland, Regen (Regen), 61, 171

Reger, Hans, Waldeck (Tirschenreuth), 199

Reil, Georg, Lückenrieth / Leuchtenberg (Neustadt a.d.Waldnaab), 57, 79

Reisinger Ulrike und Jürgen, Bernhardswald (Regensburg), 97

Roider Wastl, Weihmichl (Landshut), 160

Sappé, Julius, Waldsassen (Tirschenreuth), 173, 220

Sattler, Oskar, Wiesenfelden (Straubing), 75, 95

Schemm, Christl, Arzberg (Wunsiedel), 167

Scherbaum, Hermann, Fuchsmühl (Tirschenreuth), 217, 224

Schnurrer Max, Bärnau (Tirschenreuth), 129

Schönwerth, Franz Xaver von, München, früher Amberg, 286

Schröpfer, Ernst, Untergrafenried / Waldmünchen (Cham), früher Nimforgut (Böhmerwald), 193

Schwarz-Buam, Wolfsegg (Regensburg), 191, 205

Stich, Josef, Lindberg (Cham), 17, 189, 277

Süß, Adolf, Leuchtenberg (Neustadt a.d.Waldnaab), 79

Süß, Englbert, Untersteinbach / Pfreimd (Schwandorf), früher Mitterteich (Tirschenreuth), 79, 181, 185, 261

Süß, Ernst, Hartmannshof (Nürnberger Land), 261

Süß, Hermann, Fuchsberg / Teunz (Schwandorf), 181

Tretter, Else, Premenreuth / Reuth bei Erbendorf (Tirschenreuth), 59, 259

Trottmann, Erich, Schönhaid / Wiesau (Tirschenreuth), 135

Ulrich, Josef, Fuchsmühl (Tirschenreuth), 217, 224

Utz, Leonhard, Schwend / Birgland (Amberg-Sulzbach), 69, 89

Vogl, Franz, Stachesried / Eschlkam (Cham), 75

Weinmann, Jakob, Regensburg, früher Kneiting / Pettendorf (Regensburg), 21, 121, 227

Weiß, Alfred, Waldmünchen (Cham), früher Grafenried (Böhmerwald), 266

Weiß, Josef, Großkonreuth / Mähring (Tirschenreuth), 185

Wendl, Georg, Lohberghütte / Lohberg (Cham), 84

Wendt, Ludwig, Schrenkenthal / Lohberg (Cham), 168

Wiederer, Josef, Bärnau (Tirschenreuth), früher Gumplitz (Egerland), 267

Winter, Sepp, Perschen / Nabburg (Schwandorf), 252

Wittl, Hans, Hohenburg (Amberg-Sulzbach), 286

Wittmann, Gebrüder, Rettenbach / St. Englmar (Straubing-Bogen), 280

Wittmann, Roswitha, Seubersdorf (Neumarkt), 169

Zangl, Kathi, Wolfsberg, Böhmerwäldlersiedlung im Banater Bergland (Rumänien), 17

Zinkl Edi / Zilch Otto, Fensterbach (Schwandorf), 143

Zintl, Hans, Münchenreuth / Waldsassen (Tirschenreuth), 259

Zoch, Joseph, Deining (Neumarkt), 65

Zwack, Helmut, Fuchsberg / Teunz (Schwandorf), 49, 127, 183

GIGL, GEIGL, NO A SEIDL

Ortsverzeichnis

Wohnort / Großgemeinde (Landkreis)

Altwasser (Egerland), 87

Amberg-Sulzbach 19, 22, 24, 66, 69, 89, 105, 111, 258, 260, 261

Arzberg (Wundsiedel), 167

Atzenzell / Traitsching (Cham),

Bärnau (Tirschenreuth), 107, 129, 267

Bernhardswald (Regensburg), 97

Bierlhof / Trausnitz (Neustadt a.d.Waldnaab), 211, 234

Blattnitz / Kreis Mies (Egerland),

Brand (Wundsiedel), 262

Brennberg (Regensburg),

Buch am Erlbach (Landshut), 4, 134

Burglengenfeld (Schwandorf), 243

Cham (Cham), 12, 23, 53, 73, 75, 84, 99, 100, 118, 125, 166, 168, 193, 237, 266, 276, 277

Deggendorf (Degendorf), 264

Deining (Neumarkt), 65

Eger (Egerland), 8, 270

Erbendorf (Tirschenreuth), 59, 175, 259

Falkenberg (Tirschenreuth), 233, 235

Fensterbach (Schwandorf), 143

Freystadt (Neumarkt), 247

Fuchsberg / Teunz (Schwandorf), 18, 25, 27, 49, 127, 181, 183

Fuchsmühl (Tirschenreuth), 8, 71, 109, 217, 224

Furth im Wald (Cham), früher Vollmau (Böhmerwald), 99

Greising (Deggendorf), 264

Großkonreuth / Mähring (Tirschenreuth), 185

Güttern / Fuchsmühl (Tirschenreuth), 71

Haigrub / Perasdorf (Straubing-Bogen), 202

Haselbach (Straubing-Bogen), 38

Hemau (Regensburg), 155

Hohenburg (Amberg-Sulzbach), 24

Hohenwarth / Pfaffenhofen a.d.Ilm (Pfaffenhofen), 131

Ingolstadt, 6

Karlsbad / Elbogener Gegend (Egerland), 287

Kirchenlaibach (Bayreuth), 215

Klinglbach (Straubing-Bogen), 280

Königshütte / Leonberg (Tirschenreuth), 109

Konnersreuth (Tirschenreuth), 85

Konzell (Straubing-Bogen), 274

Kringing/Ringelai (Freyung-Grafenau), 90

Lauf a.d. Pegnitz (Nürnberger Land, früher Berching (Neumarkt), 130, 149, 285

Lech am Arlberg (Österreich), 251, 290

Leuchtenberg (Neustadt a.d.Waldnaab), 57, 79

Lindberg (Cham), 277

Lohberghütte / Lohberg (Cham), 84, 276

Lorenzen / Lappersdorf (Regensburg),

Lückenrieth / Leuchtenberg (Neustadt a.d.Waldnaab), 57, 79

Mähring (Tirschenreuth), 183, 185

Mangolding / Mintraching (Regensburg), 39, 77

Marktleuthen (Wunsiedel), 31, 137, 140, 157, 179, 225

Mitterteich (Tirschenreuth), 185, 285

München, 10, 13, 47, 56, 103, 149, 201, 261, 280, 284, 285ff.

Münchenreuth / Waldsassen (Tirschenreuth), 259

Neualbenreuth (Tirschenreuth), 83

Neukirchen 43, 53, 66, 125, 166, 261, 290

Neumarkt i.d.OPf (Neumarkt), 65, 169, 247

Neustadt a.d.Waldnaab (Neustadt a.d.Waldnaab), 57, 79, 231

Nunsting 23, 290

Oberasbach (Fürth), 226

Oberviechtach (Schwandorf), 64, 126

Oed / Weigendorf (Amberg-Sulzbach), 22, 180, 181, 190

Paulusbrunn (Egerland), 189, 261

Perschen / Nabburg (Schwandorf), 252

Premenreuth / Reuth bei Erbendorf (Tirschenreuth), 59, 259

Rattenberg (Straubing-Bogen) 33, 45, 147, 149, 151, 153, 203, 208, 239, 241, 242, 286

Regen 171, 187, 274, 278, 290

Regensburg, 28, 53, 56, 77, 90, 112, 119, 121, 210, 251, 275, 284ff.

Rettenbach (Regensburg), 274, 275, 286

Rettenbach / St. Englmar (Straubing-Bogen), 280

Rittsteig / Neukirchen b.Hl. Blut (Cham), 125, 166

Roding (Cham), 237

Schierling (Regensburg), 76

Schönhaid/Wiesau (Tirschenreuth), 135, 221
Schrenkenthal/Lohberg (Cham), 168
Schwarzenfeld (Schwandorf), 27, 110, 219, 255
Schwend/Birgland (Amberg-Sulzbach), 69, 89
Seubersdorf (Neumarkt), 169
Silberberg (Böhmerwald), 163
Sinnleithen/Edelsfeld (Amberg-Sulzbach), 66
Stein/Trausnitz (Schwandorf), 211, 234
Stich bei Wiesengrund (Egerland), 17, 189, 277
Stocksgrub/Rettenbach (Regensburg), 73, 274, 275
Straubing, 33, 38, 45, 75, 89, 95, 147, 149, 151, 153, 202, 203, 208, 239, 241, 242, 280
Sulzbach-Rosenberg (Amberg-Sulzbach), 19, 66, 105, 111, 258, 261, 287
Tegernheim (Regensburg), 113
Tirschenreuth (Tirschenreuth), 107, 285
Tirschenreuth, früher Neudek (Erzgebirge), 52, 67, 122, 177, 197
Tirschenreuth, früher Paulusbrunn (Egerland), 189, 261
Tressau/Kirchenpingarten (Bayreuth), 102
Untergrafenried/Waldmünchen (Cham), früher Nimforgut (Böhmerwald), 193
Untersteinbach/Pfreimd (Schwandorf), 185
Viehhausen/Sinzing (Regensburg), 119
Waldeck (Tirschenreuth), 195, 199
Waldmünchen (Cham), früher Grafenried (Böhmerwald), 99, 193, 266, 285
Waldmünchen, früher Possigkau (Böhmerwald), 285
Waldsassen (Tirschenreuth), 173, 220, 259, 263
Weihmichl (Landshut), 160
Weiherhammer (Neustadt a.d.Waldnaab),
Wiederhofen (Allgäu), 249
Wien (Österreich), 59, 101, 287
Wiesau (Tirschenreuth), 135, 200, 211, 221
Wiesenfelden/Straubing-Bogen, 75, 95
Wildstein/Teunz (Schwandorf), 269
Witzenzell/Falkenstein (Cham), 118
Wolfsberg, Böhmerwäldlersiedlung im Banater Bergland (Rumänien), 17, 161, 265, 279
Wolfsegg (Regensburg), 191, 205

Woppenrieth/Waldthurn (Neustadt a.d.Waldnaab), 97, 231
Zwiesel (Regen), 11, 187, 278

GIGL, GEIGL, NO A SEIDL

Liederverzeichnis, nach Anfängen

's Deandl sitzt traurig z'Haus, 234

's is nix mit dean åltn Weibern, 124

A Jåhr is's scho her, 170

Åber a Bier, a Bier, a Bier, 26

Åber a Wåldbua bin i, 168

Åber entahål(b) der Doana, 278

Åber jung san ma's gwen, 274

Åber schau, schau, der Bauer waar schlau, 131

Åber wenn oaner Sepperl hoißt, 275

Alla faß da, Gäns san im Håbern, 86

Ålte, mågst an Kaas, 28

Alter Hirankl, alter Hoarankl, 259

Am Sofa sitzt a junge Frau, 146

Am Sonntag, da ruht sich wohl jeder Mensch aus, 42

An der Eger liegt ein Städtchen, 225

Annamirl, håst an Franz gern?, 169

Annemarie, der Kinderwågn is hi(n), 219

Auf der Elektrischen, 76

Aurora saß in ihrem Garten, 123

Bierbrauer san Spitzbuam, 88

D'Liab is a Gottesgab', 91

Das schönste Bleamerl auf der Welt, 230

Der alt' Wolfsegger, 204

Der Bauer gäiht in Ga(r)tn, 111

Der Frühling ist gekommen, 54

Der Fuchs, der håt an langa Schwoaf, 84

Der Großpapa wird achtzig, 70

Der Sepperl, der ist einer, 48

Der Waldler vertraut gern auf Gott, 44

Der Wastl mit sei'm steifn Fouß, 220

Die Statistik lasst erkenna, 46

Döi Wirtsstubn, döi is eckat, 269

Drei Tågh, drei Tågh geh(n) ma niat hoim, 248

Du åtle Zigeinerin, 276

Du bist a Ei(n)trågersbou, 263

Du håst an Ganskrågn, 110

Du herzensscheens Schåtzerl, 162

Ei, Schatz, warum so traurig, 210

Ein altes Weib wollt' scheißen gehn, 135

Ein Bauer geht nach Hause, 68

Ein jeder Mann trägt eine Hose, 148

Ein Kranker kommt zum Doktor, 62

Ein Rollmops und ein Haring, 60

Eine Jungfrau von sechzig Jahr'n, 57

Eine Mutter liegt im Sterben, 242

Eine Seefahrt, die ist lustig, 120

Eines Tags, da gingen wir ins Kaffeehaus, 209

Eins, zwei, drei, vier, fünf, sechs, sieben, 103

Einst ging ich in die Stadt hinein, 192

Es war amål a Müllerin, 194

Es war ein alter Mann, 196

Es war einmal ein treuer Husar, 227

Es wollte ein Binderg'sell reisen, 186

Fidlgungas, fidlgungas, 264

Fidri, fidra, 25

Fräulein Adelgunde ist so sittenrein, 150

Friederikerl, Friederikerl, 96

Frisch auf, frisch auf, zum Jagen auf, 20

Früher, als wir Babies waren, 144

Fünfhundert wilde Pferde, 250

Gäih i hint aasse, 267

Geh, du mei liabs Dianderl, 179

Geld von Silber und von Gold, 78

Gigl, geigl, trink ma(r) a Seidl, 16

Gold und Silber lieb ich sehr, 232

Guate Nacht, schlafts wohl, 249

Håb e denkt, 85

Håb i niat an schöina Wetzstoi, 183

Håb i nu a bisserl Böia drinna, 17

Håb i öfter an Baam gschidlt, 262

Hauch de, kraaht der Gockl stolz, 108

Hei-djo-dl-di, 277

Himmel, Arsch und Zwirn, 36

Hinter der Hollerstau(d)n, 266

Hoam müaß ma geh, 253

Hoch oben die Sterne, 254

Ho-la-ra he-i-ri, 279

Horch, was geht im Schlosse vor, 235

I bin der Knödlwastl, 53

I håb scho wieder Schädlweh, 101

I kaaf a Packerl Moscherie, 132

Ich bin der lustige Bürstnmann, 182

Ich bin ein alter Krämersmann, 38

Ich ging einmal spazieren, um mich zu amüsieren, 218

Ich håb amål vom Teifl traamt, 136

Ich hab zuhaus ein Weibchen, 203

Ich war ein Jüngling, 188

In der Nacht um halba zehne, 119

In der Stadt, die feinen Herrn, 74

In Egherland woar's fröiher schöi, 50
In meinem Zimmer hängt a Uhr, 174
Is an alts Wei gstorbn, 97
Ja, åber d'Wirtspinners Liesl, 258
Ja, Dunnerwetter, Margaret, 102
Ja, i bin hålt der Simburger Bauer, 72
Ja, trågt denn des Rauchfangkihrn, 82
Ja, und beim Tobakkramer, 30
Ja, weil s' schwoazaugat is, 173
Ja, wenn das so ist, daß 's nix kost', 27
Ja, Wiggerl, wann geh ma denn wieder, 118
Jassas naa, ham mia heit gsoffn, 138
Jede Nacht muß die Frau auf den Eimer, 143
Jetz nimm i mei Stutzerl, 64
Juli war so schön, 94
Kaffee, as koan nix Bessers ge(b)n, 28
Kameradschaft, die ist lustig, 112
Kennst du den Kaiser Franzl, 260
Kommt, Brüder, wir trinken noch eins, 18
Krumme Beine kann sie haben, 191
Leit, 's Böia, ja, des is mei Lebn, 19
Lustig ist das Rentnerleben, 126
Ma Moa, wöi der nu liade woar, 200
Ma Moidl håut a Katz, 83
Meine Frau, die geht in Seide, 202
Meiner Goaß ihra Ouharn, 130
Mia håm amål an schöiner Drummltaub'ra
    g'habt, 166
Mia san die tapfern Bayern, 222
Mia san ma vom Grandschber(g), 280
Michl, Michl, laß den Goaßbock aus, 100
Moidl, wennsd übers Gassl gäihst, 172
Musikant'n, ös Schwaanz, 265
Napoleon, der hatt' an schlimmen Sinn, 214
Nur noch einmal in meinem ganzen
    Leben, 236
O quäle nie ein Tier zum Scherz, 240
O, wie schön, o wie schön, 90
Prosit, ihr Brüder, trinket und seid alle
    froh, 22
Rout untn, rout obn, 252
Sagt der Vater zu der Muatter, 23
Sauf, du alter Galgenschlängel, 198
Scheene Maaderln, zuckersüäß, 206
Scheißt ma(r) a weng in Hout ei(n), 128
Schnaps, das war sein letztes Wort, 27
Schön ist die Jugend, 134
Sechs sedda Boum, 87

Siagst da's du net, 89
So a Gauner håt a Lebn, 116
Sollt' i hoamgöih, 255
Steh' ich am eisern' Gitter, 238
U wou, wou, u wou, wou, 271
Um 1999, 152
Un(s)er Håslbächer Moidla, 141
Und der Wirtsflorian, 40
Und im Tannawåld drinna, 161
Und öiermål håm ma(r) an Dåtsch ghat, 98
Und so schlugen wir nach altem Brauch, 113
Und wenn du denkst, du kriegst dein
    Geld, 226
Und wenn i ma Höiterl gråd aafsetzn tou, 67
Und wenn ma Wei(b) sua zankn tout, 270
Und wer sein Handwerk gut versteht, 176
Uns geht's gut, wir haben keine Sorgen, 154
Unter Erlen steht 'ne Mühle, 233
Unter unsrer alten Linde, 231
Warum håt denn der Sepperl so ein Glück, 58
Warum håm denn die Dori koan Mo, 207
Was hab ich bei ihr gefunden, 106
Wenn d'Leit a bisserl bsoffn san, 156
Wenn i aaf Götzndorf gäih, 24
Wenn i in der Fröih aafstäih, 184
Wenn i nea(r) wissat, wöi des waa(r), 164
Wenn i near a Dipfl häitt', 268
Wenn ich des Morgens früh aufstehe, 180
Wenn ich im Sommer früh erwach', 32
Wia ma(r) i und mei Weiberl ghaust
    håm, 201
Wia spaat is's auf der Wirtshaus-Uhr, 246
Wöi mir mei Herzerl lacht, 167
Wöi un(s)er Herr die Erdn hat erschaffn, 66
Wou håust denn du döi Kistn her, 104
Z'nachst bin i spaat außiganga, 160
Zu Fuchsmühl war 's, in Bayern, 216
Zu Ingolstadt, da war es in der Nähe, 125

Liederverzeichnis, nach Titel

's Laternderl, 179
's Uhrkastl, 170
Aber schön muß sie sein, 191
Ah, ah, ah, 150
An Waldler sei Scha, 44
Bofrost-Kinder, 144
Da drobn am Nockherberg, 54
Das Edelweiß, 230
Das Lied von der Gans, 36
De nei Zeit, 50
Der Bubikopf, 74
Der Hinterdupfer Bene, 119
Der Krämersmann, 38
Der Mutter letzter Blick, 242
Der Pfannenflicker, 176
Der Schornsteinfeger, 180
Der Weiberstriet, 200
Die ålte Schwieger, 169
Die Feldjäger, 225
Die Ruschl Buschl, 196
Die schöne Marie, 90
Dri-schneidi, 277
Elternliebe, 236

Fernfahrer-Lied, 250
Geh nehma S' doch an Altn!, 46
Grandschberg-Ari, 280
Hålt er's aus, 76
Ich håb a Mordstrumm Wampn, 156
Im Jahre 1999, 152
Ja, mei Alte hat mich gern, 203
Ja, zwengs an Geld, 78
Juli-Polka, 94
Kaffeehaus-Lied, 209
Konzeller Ari, 274
Mit einer Weißwurscht in der Hand, 123
Mondscheinbrüader, 23
Musike, Musike, 138
Rehgoaß und Teiberling, 32
Roja-Stückl, 267
s' Denglstöckl, 184
Schön ist das Alter, 134
Sepperl-Ari, 275
So a Lederhosn, 58
Ständchen am Abend, 254
Still ruht der See, 148
Wåld-Ari, 279